LAS
100
PROMESAS
más importantes
de la Biblia

inspiración para la vida

CASA PROMESA
Una división de Barbour Publishing, Inc.

© 2019 por Casa Promesa
Título en inglés: *The Top 100 Promises of the Bible*
© 2016 by Barbour Publishing, Inc.

Impreso ISBN 978-1-64352-034-6

Ediciones eBook:
Edición Adobe Digital (.epub) 978-1-64352-365-1
Edición Kindle y MobiPocket (.prc) 978-1-64352-366-8

Imagen de portada: Rachel Alexander/Lightstock

Desarrollo editorial: *Semantics, Inc.* P.O. Box 290186, Nashville, TN 37229.
semantics01@comcast.net

Publicado por Casa Promesa, 1810 Barbour Drive, Uhrichsville, Ohio 44683,
www.casapromesa.com

Nuestra misión es inspirar al mundo con el mensaje transformador de la Biblia.

Member of the
Evangelical Christian
Publishers Association

Impreso en Estados Unidos de América.

Introducción

¿Has hecho alguna vez una promesa que no has logrado cumplir? ¿Has sido alguna vez la receptora de una promesa rota? Si este es el caso, bienvenida a la multitud de individuos que se han visto afectados de una forma genuina y profunda por una promesa quebrantada. Las promesas rotas escuecen, frustran y decepcionan. Aun así, son una realidad de la vida.

El sello distintivo de las personas de integridad es que se esfuerzan de forma consciente para cumplir sus promesas. Cuando afirman que harán algo, se esfuerzan para seguir hasta el final. Sin embargo, aun los individuos con las mejores intenciones no cumplen sus promesas.

Por otra parte, Dios es perfecto, fiel y verdadero. No es un hombre, por tanto, es imposible que mienta. Él no cambia de opinión por un capricho ni tampoco habla y no cumple (Números 23:19). A diferencia de la humanidad, Dios mantiene cada promesa que ha hecho (Josué 21:45; 23:14). Sus promesas y sus providencias son misericordia y verdad; son sinceras e íntegras, como Él. Todo cuanto Dios es y hace procede del amor, y su pacto de amor con nosotros es infalible e irrefutable. Ante la imposibilidad de que Dios mienta, podemos (con toda seguridad) confiar en que Él cumplirá sus promesas en nuestras vidas.

Pese a no pretender en modo alguno un alcance exhaustivo en este libro, *Las 100 promesas más importantes de la Biblia*, sí destaca y expone cien de las mejores promesas de la Santa Palabra de Dios.

Conforme vayas leyendo descubrirás directrices que te guiarán hacia una vida llena del Espíritu. Sus promesas te traerán consuelo, instrucción, corrección, aliento, dirección, esperanza y visión.

¿Estás buscando respuestas en tu vida? ¿Necesitas consuelo y seguridad? ¿Está cargado tu corazón y tu mente abrumada? ¿Vas en busca de dirección y guía? Entonces sigue leyendo. Permite que Dios te ministre en el lugar exacto donde estás. Recibe las promesas de Dios y permanece en ellas. Recuerda, aquello que prometió, lo cumplirá. "Aquel que os ha llamado es fiel y cumplirá su palabra" (1 Tesalonicenses 5:24 BLP). Esa es su promesa para ti.

1. No temas, Él venció

*"Yo les he dicho estas cosas para que en mí hallen
paz. En este mundo afrontarán aflicciones, pero
¡anímense! Yo he vencido al mundo".*
JUAN 16:33 NVI

Vivimos en tiempos difíciles. Muchos de los nacidos
en la década de los ochenta crecieron en vecindarios
en los que era seguro jugar fuera todo el día y hasta
la noche (cuando oscurecía), sin la vigilancia de un
adulto por los posibles depredadores, principalmente
del tipo humano. Sin embargo, se diría que nuestros
hijos y nietos están creciendo en un mundo completamente diferente.

Los nuevos programas están repletos de noticias
de niños atraídos con un señuelo al auto de un extra-
ño. A muchos no se les vuelve a ver con vida y, tris-
temente, muchos son vendidos al mundo del tráfico
sexual. Ya ni siquiera nuestros baños públicos son
seguros. Ahora, las iglesias y las escuelas deben tener
un sistema de seguridad cada vez que abren sus puertas para el culto o para impartir sus clases. E incluso
entonces, aparecen ciertos resentidos que consiguen
entrar bajo falsos pretextos y, ante la más leve provo-
cación, desenfundan sus pistolas semiautomáticas y
comienzan a disparar.

Anhelamos la paz y días mejores, mayor seguridad. Deseamos regresar a los "buenos viejos tiempos"
en los que parecía no haber preocupaciones, no haber
temor. Anhelamos un mundo mejor.

Pero basta echar un vistazo a la historia para comprobar que ninguna de estas ansiedades por un mundo difícil es nueva. Jesús describió los tiempos que rodeaban a su segunda venida como si fueran los días de Noé: "En esos días, la gente disfrutaba de banquetes, fiestas y casamientos, hasta el momento en que Noé entró en su barco y llegó el diluvio" (Lucas 17:27 NTV). O como en los días de Lot: "Cuando las personas se ocupaban de sus quehaceres diarios —comían y bebían, compraban y vendían, cultivaban y edificaban— hasta la mañana en que Lot salió de Sodoma" (17:28-29).

En este mundo habrá momentos duros, tribulaciones. Jesús también advirtió a sus discípulos respecto a que todo aquel que le sigue puede esperar la persecución por su fe. Eso era cierto en su tiempo... y lo es hoy también. Esta no parece la más esperanzadora de las promesas de Dios en las Escrituras.

Hasta que leemos el resto: envió su Espíritu Santo para que cada uno de sus seguidores restaure la paz y para dar aliento. Su paz, el tipo de paz que sobrepasa todo entendimiento, nos mantendrá en calma y nos dará valor y fe para enfrentarnos a un mundo difícil y fuera de control, porque Él venció al mundo y a la muerte, se levantó de la tumba y resucitó. Un día viviremos en un mundo nuevo, uno que solo conoce la paz y la eterna presencia de Dios.

2. La fe firme produce oro puro

Estas pruebas demostrarán que su fe es auténtica. Está
siendo probada de la misma manera que el fuego prueba y
purifica el oro, aunque la fe de ustedes es mucho más preciosa
que el mismo oro. Entonces su fe, al permanecer firme en
tantas pruebas, les traerá mucha alabanza, gloria y honra
en el día que Jesucristo sea revelado a todo el mundo.
1 PEDRO 1:7 NTV

En mayo de 1978, un pastor y su joven familia de
Carolina del Sur experimentaron un severo incendio
en su casa provocado por su hija de dos años en un
descuido de su madre. La madre y la pequeña acaba-
ron con graves quemaduras, y sufrieron las secuelas
de la inhalación de humo. Después de meses en el
hospital y de múltiples operaciones e injertos de piel,
finalmente regresaron a una casa recién construida
sobre las cenizas de la anterior. Pero la vida tal como
ellos la habían conocido se vio alterada para siempre.
Ahora la hija estaba gravemente discapacitada y en
una silla de ruedas. Las fuerzas de la madre estaban
ahora limitadas. Pero por medio de toda la terrible
experiencia y hasta el día de hoy, la familia ha con-
firmado 1 Pedro 1:7 como el versículo ministerial de
su familia.

¡Y qué ministerio han tenido! Dios usó el fuego
para dotarles de forma excepcional, a fin de ayudar a
muchos que han pasado por varios tipos de pruebas
de fuego. Uno de los ministerios que establecieron,
y que surgió de estas trágicas circunstancias, es una

escuela cristiana para niños con hándicap. Su historia ha fortalecido la fe de muchos a lo largo de los años.

Del mismo modo, el escritor de Hebreos procuró alentar a los cristianos hebreos registrando la fe de muchos santos bíblicos en Hebreos 11. Por fe ellos "conquistaron reinos... cerraron bocas de leones, apagaron llamas de fuego y escaparon de morir a filo de espada... Otros fueron torturados, porque rechazaron negar a Dios a cambio de la libertad... Pues Dios tenía preparado algo mejor" (vv. 33-35, 40 ntv).

Dios nunca permite que suceda algo en tu vida que destruya tu fe. Al contrario, promete "mucha alabanza y gloria y honor" para aquellos que le permiten probarlos y purificarlos. Un día "todo habrá merecido la pena cuando veamos a Jesús", como escribió Esther Kerr Rusthoi. "Las pruebas de la vida parecerán tan pequeñas cuando veamos a Cristo; un destello de su preciado rostro eliminará toda la tristeza; por tanto, corre valientemente la carrera hasta que veamos a Cristo".*

---

* Esther Kerr Rusthoi, "When we see Christ" [Cuando veamos a Cristo], © 1941, reeditado en 1969 Singspiration.

3. La adversidad trae madurez

*El sufrimiento no durará para siempre. Este generoso
Dios que tiene grandes planes para nosotros en Cristo
—¡son planes eternos y gloriosos!— no tardará en
levantarlos y ponerlos de nuevo sobre sus pies para bien.*

1 Pedro 5:10 msg

El mensaje de este versículo parece displicente, al menos durante los momentos de grandes pruebas. El alentador recordatorio de Pedro respecto a que Dios tiene un plan glorioso para sus hijos y que los restaurará suena como demasiado bueno para ser verdad, cuando la angustia elimina la alegría.

En lugar de declarar la esperanza de unos tiempos mejores, nos sentimos tentados a quejarnos como Job: "Pero es Dios quien me hizo daño cuando me atrapó en su red" (Job 19:6 NTV). Resulta difícil comprender el sufrimiento, sobre todo porque Dios es capaz de quitarlo en un abrir y cerrar de ojos. Entonces, ¿por qué no lo hace? Podemos perdernos en las preguntas del dolor. *¿Me está castigando Dios? ¿Es este dolor el simple resultado de un mundo caído? ¿Cómo puede permitir semejante sufrimiento un Dios bueno? ¿Qué debería yo haber hecho de otro modo?*

Cuando se acaban las preguntas, nos enfrentamos cara a cara con nuestra incapacidad de controlar la vida. Cuando el sufrimiento continúa sin descanso, luchamos por la esperanza de que solo durará "un poco de tiempo". Nos preguntamos si alguna vez volveremos a sentirnos "firmes y estables".

Job también luchó para hallar esperanza en medio de sus pruebas. "¿Dónde queda entonces mi esperanza? ¿Quién ve alguna esperanza para mí?" preguntó (Job 17:15 NVI). Sin embargo, este mismo hombre que culpó a Dios y peleó para encontrar la esperanza, reconoció: "Yo sé que mi redentor vive... Yo mismo espero verlo; espero ser yo quien lo vea, y no otro. ¡Este anhelo me consume las entrañas!" (19:25, 27 NVI).

Tanto Job como Pedro traen consuelo para aquellos que están sumidos en las profundas aguas del sufrimiento. Job muestra que el enojo y las preguntas coexisten con la fe. Pedro nos recuerda que el sufrimiento tiene un final. El único "para siempre" de los cristianos es la gloriosa, perfecta y gozosa eternidad con Dios.

Las preguntas y las lágrimas en el sufrimiento están bien. Una vez agotada la emoción, el cristiano puede decir con Habacuc: "Aunque las higueras no florezcan y no haya uvas en las vides, aunque se pierda la cosecha de oliva y los campos queden vacíos y no den fruto, aunque los rebaños mueran en los campos y los establos estén vacíos, ¡aun así me alegraré en el Señor! ¡Me gozaré en el Dios de mi salvación! ¡El Señor Soberano es mi fuerza! Él me da pie firme como al venado, capaz de pisar sobre las alturas" (3:17-19 NTV).

4. Problemas pasajeros

*Pues los sufrimientos ligeros y efímeros que ahora
padecemos producen una gloria eterna que vale muchísimo
más que todo sufrimiento. Así que no nos fijamos en
lo visible, sino en lo invisible, ya que lo que se ve es
pasajero, mientras que lo que no se ve es eterno.*

2 Corintios 4:17-18 nvi

Pruebas. Algunas son breves en el tiempo. Pero la mayoría son asuntos interminables que duran varias semanas, meses o persisten, incluso durante años inacabables. Algunas pruebas son más fáciles de soportar que otras, mientras que algunas son extremadamente intensas.

Nos preguntamos si seremos capaces de aguantar hasta el final. Nos preguntamos si merece la pena, si le importa a Dios. Nos preguntamos por qué estamos padeciendo la prueba. ¿Cuál es el propósito?

Job también cuestionó a Dios, y se preguntó en voz alta por qué Dios, que una vez lo había bendecido con riquezas, una gran familia y prestigio, se había vuelto ahora en su contra. En el libro de la Biblia donde se cuenta su historia, el lector ve desde el principio por qué Dios permitió que Satanás le quitara a Job todas sus posesiones e hijos, y, más tarde, su salud. Pero Job nunca lo supo. Y, al final, no le importó.

Se nos indica que Job nunca pecó con su boca. Por tanto, a pesar de que lo inundaran las preguntas, las formuló con respeto, y buscó de verdad las respuestas, no de un modo acusatorio ni blasfemo.

Al final, Lo único que Dios le respondería sería que su percepción de Dios era demasiado pequeña. Y, al final, Dios bendijo a Job con el doble de animales y riqueza, y con más hijos.

No se nos indica cuánto duró la prueba de Job ni durante cuánto tiempo le "bendijeron" sus amigos con su presencia y su "estímulo" (léase desánimo). Pero eso no importa en realidad. Pablo alentó a los creyentes corintios explicándoles que, a la luz de la eternidad, nuestras pruebas aquí en la tierra son ligeras (no demasiado pesadas para nosotros) y momentáneas.

Piensa de nuevo en los principios básicos de la geometría: una línea recta con una flecha en cada extremo, indica el infinito. Imagina un solo puntito en esa línea. Esa es tu vida, Santiago la denomina neblina, que hoy está aquí, y mañana se va. Y eso es lo que Pablo quiere decir cuando indica que nuestros problemas aquí en la tierra son momentáneos.

¡Qué promesa! ¡Y cuánto aliento hay en este versículo! La cantidad de problemas que experimentamos aquí es, francamente, una neblina, el puntito más diminuto en la línea infinita que es la eternidad.

5. Él prepara una salida

No os ha sobrevenido ninguna tentación que no sea humana;
pero fiel es Dios, que no os dejará ser tentados más de lo
que podéis resistir, sino que dará también juntamente
con la tentación la salida, para que podáis soportar.
1 CORINTIOS 10:13 RVR1960

Ya te has visto en ello. Tal vez hasta te hayas preguntado: "¿Qué otra cosa podría salir mal?" o "Ya no
puedo más. No puedo soportar nada más". Quizás
hayas orado, "Padre, tú dijiste...", y entonces hayas
procedido a recordarle esta promesa en 1 Corintios
10:3. A menudo, las personas citan con buena intención el tópico "El Señor nunca le da a alguien más de
lo que puede soportar", a aquellos que están pasando
por una prueba difícil.

Pero Dios nos lleva más allá de los límites de
lo que creemos poder soportar. A lo mejor por ello
resulta más difícil oír el tópico cuando lo aplicamos
a nuestra situación. Reina la frustración, la carga se
intensifica, y nos obliga a preguntarnos si al Señor le
importa o si está ignorando nuestras súplicas.

Aunque nuestro sufrimiento sea la consecuencia
del pecado, anhelamos afirmar esta promesa como
nuestra. Pero dudamos, y pensamos que nos merecemos cualquier cosa que Dios "ponga en nuestro
plato". Pero no es esto lo que indica esta promesa.
Nuestra salida es el Señor quien, en su infinito amor,
nos empuja a tomar la decisión de depender de Él
para tener la fuerza y la sabiduría de caminar por

medio de la prueba que Él ha permitido o de rechazar su ayuda y alejarte. Cuando escogemos apoyarnos en Él, pronto descubrimos que esta es su "salida".

Linda Bartlett, citada en su *Libro de promesas bíblicas para mujeres* expresa: "Nunca fue la intención de nuestro Creador que cargáramos con el sufrimiento solas. Es el propósito total de la comunidad espiritual". Del mismo modo que Dios camina con nosotros durante las pruebas, nuestro cuerpo local de creyentes, a los cuales muchos llaman la "familia" de la iglesia, caminará a nuestro lado: alentando, orando, ayudando de cualquier forma en la que puedan aligerar la carga. Apóyate en esta promesa cuando sientas que te estás ahogando en circunstancias adversas. Nuestro Dios fiel proporciona alivio (e incluso una salida) de cualquier momento de dificultad que Él permite.

6. La paz de Dios gobierna

No se preocupen por nada; en cambio, oren por todo. Díganle
a Dios lo que necesitan y denle gracias por todo lo que él
ha hecho. Así experimentarán la paz de Dios, que supera
todo lo que podemos entender. La paz de Dios cuidará su
corazón y su mente mientras vivan en Cristo Jesús.

FILIPENSES 4:6-7 NTV

El matrimonio de Abigail con Nabal probablemente
fue concertado, como tantos en aquel tiempo. Tal vez
aprendió sabiduría por su matrimonio con un hombre que fue llamado, de una forma tan acertada: necio. Pero cuando oyó acerca del desastre que se cernía
sobre su casa por culpa de la última necedad de su esposo, actuó de forma rápida, audaz y con diplomacia.
Antes de que la destrucción pudiera alcanzarla, envió
regalos, comida y bebida a aquellos que amenazaban
su casa. Entonces, sin buscar la aprobación ni el permiso de Nabal, puso en marcha su plan. Se postró
ante David, asumió la responsabilidad de los actos de
su esposo, y le pidió al líder que evitara sobrecargar su
conciencia derramando sangre innecesaria, alabando
sus conquistas y reconociendo su honor piadoso y su
integridad.

Ella podía haberse sentado preocupada, desesperada y llorar por el disparatado orgullo de su esposo,
que acarreaba la destrucción sobre ella. Al fin y al
cabo, ella era la víctima, no la instigadora. Podía haber ido a su marido, menospreciándole con sus acusaciones y sus quejas, e insistir en que cambiase de

actitud e hiciera algo antes de que se produjera el desastre. Podía haber ido a David y exponer el mismo argumento al que su esposo había recurrido, y señalar que no había ningún contrato entre él y Nabal. O podía haber empaquetado sus cosas y abandonado a Nabal, permitiendo que la venganza de David cayese solo sobre su marido.

Pero no lo hizo. Por el contrario, llevó el comportamiento de su esposo ante el Señor y escuchó su dirección.

Y, a cambio, David escuchó a Abigail, reconoció la sabiduría de su consejo, y aceptó los regalos que traía. Luego regresó a casa para contar a su marido lo que había hecho. Nabal se enfureció tanto que sufrió un derrame cerebral que le produjo la muerte varios días después.

Dios recompensó su elección de no preocuparse e inquietarse, la liberó de un esposo necio y la dio en matrimonio a David. La paz de Dios gobernó en su corazón y en su mente cuando ella le entregó sus preocupaciones.

7. Dios está contigo

Luego David añadió a su hijo Salomón: "¡Ten valor y ánimo, y pon manos a la obra! No temas ni te acobardes, porque Dios, el Señor, mi Dios, te acompaña, y no te dejará ni abandonará hasta que culmines toda la obra del servicio del Templo. Tienes a tu disposición a las clases sacerdotales y levíticas para todos los servicios del Templo de Dios, y en los distintos trabajos podrás contar con voluntarios expertos en cada especialidad y con las autoridades y todo el pueblo, que estarán a tus órdenes".

1 Crónicas 28:20-21 BLP

Justo antes de la muerte de David, retó a Salomón, su hijo y sucesor, con el trabajo de construir un lugar de adoración, una morada permanente para Dios en Jerusalén. Años antes, David había querido hacerlo, pero Dios se lo impidió mediante su profeta Natán, quien le explicó que no podría hacerlo porque siendo un hombre de guerra tenía las manos manchadas con la sangre de todos aquellos a los que había matado en la batalla. En cambio, Dios escogió a Salomón para hacer la obra y cumplir el sueño de David, pues él sería un hombre de paz. Por tanto, David preparó todos los bosquejos y los dibujos de construcción (planos con todas las especificaciones, en el lenguaje de construcción de hoy día), y se los dio a Salomón.

Salomón observó los dibujos; la ansiedad y la consternación lo embargaron ante la enormidad de la tarea. Nunca antes había construido algo, y mucho menos de esta magnitud. Ni siquiera era su sueño construir un templo para el Señor; era el de su padre. David entendía esto, pero al conocer a Dios como Él lo conocía y saber que Salomón era el hombre escogido de Dios, alentó a su hijo para que recordara durante todo el proyecto que Dios estaría con él, y dirigiría la construcción. Además, todos los sacerdotes y los levitas estaban preparados para ayudarle. Muchos de los artesanos y constructores de Israel, e incluso de los aliados de David —Hiram, el rey de Tiro—, estaban preparados para proporcionar las provisiones y el trabajo necesarios para la construcción.

Salomón cumplió el sueño de su padre de construir un lugar permanente para adorar a Dios, una de las maravillas del mundo en su época, y dio a Dios la gloria y el crédito por su continua presencia y ayuda (2 Crónicas 6).

Cuando Dios encarga un proyecto a una persona, puedes estar segura de que la equipará y la capacitará para completar la obra. Es su promesa para todo aquel al que llama.

8. Consuelo para el pensamiento angustioso

*Cuando en mí la angustia iba en aumento, tu
consuelo llenaba mi alma de alegría.*
SALMO 94:19 NVI

La palabra para *angustia*, o *pensamientos angustiosos*,
que utilizó el salmista en este salmo significa asfixiar
o estrangular; hostigar desgarrando, mordiendo o
quebrando la garganta, en especial; tirar en dos direcciones opuestas.

Así es como se siente exactamente la persona
que está angustiada o preocupada, arrastrada en demasiadas direcciones a la vez. Al enemigo le encanta
cuando permitimos que la angustia gobierne nuestros pensamientos. Su campo de batalla principal
es la mente, y si puede mantenernos enfocadas en
aquello que esté causando nuestros pensamientos de
angustia, él se alza vencedor de esta escaramuza en
particular.

Pero nuestro amado Padre celestial nos ha dado
las armas para luchar contra el enemigo de nuestras almas. Se encuentran en su amada carta para
nosotros.

El versículo de hoy contiene la primera clave: su
"consuelo", sus promesas. Cuando pronuncias en voz
alta sus promesas, el enemigo huye, del mismo modo
que lo hizo cuando Jesús citó las Escrituras para
combatir las tentaciones de Satanás en el desierto.

Otra clave en la batalla contra la preocupación es

la oración. En Filipenses 4:6, Pablo dio instrucciones específicas sobre el tipo de oración que trae paz y tranquilidad a nuestras almas: "Díganle a Dios lo que necesitan y denle gracias por todo lo que él ha hecho" (NTV). *Súplica* es la palabra utilizada en varias versiones bíblicas. Significa hacer una petición sincera; implorar, rogar, interceder. En este tipo de oración tenemos la ayuda del Espíritu Santo que habita en nosotros. Él conoce la voluntad de Dios en cada asunto, y hasta cuando nosotras mismas no sabemos cómo orar acerca de algo, él intercede por nosotros, y rellena nuestros silencios (Romanos 8:26-27).

Por tanto, la próxima vez que te sientas angustiada, arrastrada en todas las direcciones al mismo tiempo, utiliza las claves que tu Padre de gracia te ha proporcionado, y regocíjate en sus respuestas.

9. No hay necesidad de ansiedad

Alentad a los que están agotados y fortaleced las rodillas. Díganle a aquellos cuyo corazón está herido de ansiedad y pánico: "¡Sé fuerte, no temas! Tu Dios vendrá ciertamente con venganza [para los impíos]; la retribución de Dios llegará, pero él te salvará".

Isaías 35:3-4 AMP

La ansiedad debilita nuestro cuerpo. No somos capaces de aguardar, ni de tener siquiera esperanza. Nuestro cerebro se convierte en papilla. No podemos centrarnos el tiempo suficiente en el problema para encontrar una solución. Incluso nuestras articulaciones se debilitan hasta que ya no pueden mantenernos erguidas.

No cabe duda de que existen muchas estadísticas de investigación sobre los efectos a largo plazo del estrés y la ansiedad. Todos ellos indican que muchas enfermedades físicas, mentales o emocionales son el resultado de una ansiedad a largo plazo.

Nuestra cultura, en lugar de tratar con la causa principal, desarrolla cada vez más medicamentos para tratar los síntomas de la ansiedad. Los anuncios de televisión y de radio se centran en las medicinas que nos permitirán sentirnos mejor... en la superficie. Estas drogas maravillosas enmascaran el dolor y el temor internos para que podamos "disfrutar" de la vida, pero solo Dios puede hacer frente a la causa principal de nuestra ansiedad y nuestros ataques de pánico.

El profeta Isaías escribió y predicó en Jerusalén, principalmente durante el reinado de Ezequías, aunque su vida abarcó desde el reinado del abuelo de Ezequías hasta parte del de su hijo (cuatro reyes). Ezequías se enfrentó a algunos momentos muy tensos cuando se negó a continuar pagando el tributo a Asiria y a Egipto. Ahora, el ejército asirio, el mismo que había diezmado y dispersado a Israel, acampaba en las llanuras alrededor de Jerusalén. El pueblo tenía pánico. Temían que su destino fuera el mismo que el de las otras diez tribus. Pero Dios envió a Isaías con este mensaje de esperanza: Dios estaba de camino para liberarles con venganza y retribución.

Dios cumplió su promesa de castigar a los ejércitos y a los líderes del mundo que se habían levantado contra su pueblo escogido, contra aquellos que estaban entregados a Él y le servían con fervor.

Dios puso al enemigo en desbandada mientras Judá permaneció firme en la fuerza y el valor de Dios (ver 2 Reyes 18-19). Y Él sigue peleando por su pueblo hoy. No temas. Dios salvará.

10. No más dolor

Él les secará toda lágrima de los ojos, y no
habrá más muerte ni tristeza ni llanto ni dolor.
Todas esas cosas ya no existirán más.
APOCALIPSIS 21:4 NTV

Dolor. Tristeza. Muerte. Violencia. Pesar. Todo ello forma parte de la vida en la tierra, es parte de la maldición acarreada por el pecado cuando Adán y Eva cayeron ante el engaño de Satanás, en el jardín del Edén.

La mayoría de nosotras nos hemos sentado o hemos estado al lado de la cama de algún ser amado o amigo deseando poder aliviar su dolor, lloramos al pronunciar nuestro último adiós.

La pena es real... y dura, incluso cuando sabemos que veremos a nuestros seres queridos de nuevo en el cielo. La tristeza de quienes no tienen la esperanza de ver a sus seres amados de nuevo es aún más dolorosa.

Un loco (o al menos así es como la mayoría lo describiría) entra a un bar homosexual y acribilla a los clientes con un rifle de asalto semiautomático. Escuchamos con horror mientras nos dicen que el hombre defendía su lealtad al ISIS y se dirigió a propósito al bar antes de que la policía lo abatiera. Nos apena el elevado número de muertos y heridos graves.

Los niños son secuestrados y vendidos como esclavos o, peor aún, agredidos sexualmente, torturados y, finalmente, asesinados por aquellos que se aprovechan de los que no son capaces de defenderse.

Pero... existe una esperanza y una promesa de un mundo mejor para aquellos que creen en el dador final de la Verdad. Hay Alguien que llevó sobre sí mismo el pecado de toda la humanidad, las atrocidades cometidas contra los hombres, las mujeres y los niños, las profundidades de la depravación que la humanidad puede cometer contra los demás, para que podamos vivir un día en una eternidad sin dolor, muerte, pena o llanto.

Qué maravillosa promesa para quienes reciben el regalo gratuito de la salvación solo en Jesucristo; un día, todas nuestras lágrimas serán enjugadas, todo nuestro dolor será expulsado, toda nuestra aflicción por las consecuencias del pecado y la muerte se olvidarán. Para siempre.

11. El rapto glorioso

*El Señor mismo descenderá del cielo con voz de mando,
con voz de arcángel y con trompeta de Dios, y los muertos
en Cristo resucitarán primero. Luego los que estemos
vivos, los que hayamos quedado, seremos arrebatados
junto con ellos en las nubes para encontrarnos con el Señor
en el aire. Y así estaremos con el Señor para siempre. Por
lo tanto, anímense unos a otros con estas palabras.*

1 Tesalonicenses 4:16-18 nvi

Había muchas cosas que los que creyentes de la iglesia del siglo I no comprendían. Después de que Jesús regresara al cielo, sus discípulos se quedaron para explicar los fundamentos del cristianismo, establecer la doctrina y la práctica no solo para los creyentes judíos sino también para los muchos creyentes gentiles que, por fin, pudieron ser incluidos entre el pueblo escogido de Dios.

Pablo, un hebreo de hebreos, un fanático de la ley del Antiguo Testamento, fue salvo de forma milagrosa y transformado en el camino a Damasco, donde había planeado encarcelar a todos los "herejes", a los seguidores de este Nuevo Camino. Y se convirtió en el principal portavoz de Dios para esta nueva entidad, la iglesia, compuesta por aquellos que seguían a Jesús.

Uno de los asuntos que preocupaba a estos nuevos creyentes era lo que les sucedía a sus seres amados después de morir. ¿Y qué quería decir Jesús cuando indicó que regresaría de nuevo para llevar a su pueblo a vivir al cielo con Él para siempre? Pablo aborda estos asuntos en su primera carta a los creyentes de Tesalónica. Y qué gozosa promesa sigue siendo incluso hoy, veintiún siglos después.

Sin lugar a duda Jesús regresará por los suyos. Un día cercano oiremos el sonar de una trompeta y la voz del arcángel. Y para aquellos que han muerto antes que nosotros, aquellos cuyos espíritus se han ido para estar con el Señor, sus cuerpos se levantarán de la tierra para reunirse con sus espíritus con el Señor. Y aquellos de nosotros que estamos vivos, nos levantaremos para reunirnos con el Señor y con todos los que se han ido antes de nosotros, y estar reunidos por siempre los unos con los otros y con nuestro Señor y Salvador.

¡Qué bendita esperanza! "Sí, ven, Señor Jesús" (Apocalipsis 22:20 RVR1960).

12. El Consolador

*Mas el Consolador, el Espíritu Santo, a quien el
Padre enviará en mi nombre, él os enseñará todas
las cosas, y os recordará todo lo que yo os he dicho.*
JUAN 14:26 RVR1960

Jesús promete: "No te dejaré sin consuelo". A pesar
de que derramó su presencia humana en la tierra, Él
habita con los creyentes por medio del Consolador,
el Espíritu Santo. En la divina Trinidad, el Espíritu
está separado de Jesús y, sin embargo, son lo mismo.
Cuando hablaba con sus discípulos, Jesús explicó: "Y
yo rogaré al Padre, y os dará otro Consolador, para
que esté con vosotros para siempre: el Espíritu de
verdad, al cual el mundo no puede recibir, porque no
le ve, ni le conoce; pero vosotros le conocéis, porque mora con vosotros, y estará en vosotros. No os
dejaré huérfanos; vendré a vosotros" (Juan 14:16-18
RVR1960).

Este mismo Jesús que nunca deja ni abandona a
los suyos, que está con nosotros incluso hasta el fin
del mundo, conoce y ora el plan de Dios. Pide que
el Espíritu de Dios habite siempre *dentro de* los creyentes. Esto no es como cuando el Espíritu de Dios
"vino con poder" sobre Sansón (Jueces 14:6 NVI)
para asignarle una tarea específica. Es una relación
permanente, interminable y siempre presente.

¿Qué ocurre en esta relación con el Dios que
habita en nosotras? Somos consoladas. Instruidas.
Transformadas desde el interior hacia el exterior, para

ser más como Jesús. El mismo Espíritu de Dios susurra esperanza en nuestra necesidad más profunda, y convence a nuestros corazones de que ciertamente somos amadas por Dios. El Espíritu trae la Escritura a la vida, ilumina la verdad y la hace personal. El espíritu revela el carácter de un Dios que es amoroso, alegre, paciente, amable, bueno, fiel, dulce y sereno. Y, al mismo tiempo que da a conocer su naturaleza, nos enseña a reflejarla (Gálatas 5:22).

Jesús declaró que sus ovejas conocen su voz (Juan 10:4). Él habla a sus elegidos a través del Espíritu Santo, enseña a los creyentes a reconocer su presencia, su mano guiadora, sus propias palabras.

No hay necesidad de preocuparse por olvidar las cosas que el Señor nos enseña. Nuestro Consolador nos recuerda en el momento justo, y para el propósito justo, los versículos que hemos leído, las canciones de gracia y verdad que hemos cantado, y las experiencias y las lecciones que el Señor ha utilizado para moldear nuestras vidas. El Espíritu nos bendice con su ministerio y recuerdo.

13. La promesa del Espíritu de Dios

"Yo les compensaré a ustedes por los años en que todo lo devoró ese gran ejército de langostas… Ustedes comerán en abundancia, hasta saciarse, y alabarán el nombre del Señor su Dios, que hará maravillas por ustedes… Después de esto, derramaré mi Espíritu sobre todo el género humano. Los hijos y las hijas de ustedes profetizarán, tendrán sueños los ancianos y visiones los jóvenes".

JOEL 2:25-26, 28 NVI

La vida en la tierra no es fácil. Y Jesús afirmó que antes de que regresara del cielo por segunda vez con sus ejércitos, la vida sería incluso más dura. Pero en ningún momento dejará a sus hijos sin su presencia o esperanza. El profeta Joel habló y escribió contra el reino del sur, Judá, durante el tiempo de Joás, varios centenares de años antes de que el Señor enviara al pueblo al exilio. Debido a la inclinación de los israelitas por seguir a otros dioses, Judá estaba experimentando algunos momentos difíciles. Y se esperaban más problemas incluso, si no se volvían en cuerpo y alma al Señor.

Joel continúa describiendo el Día del Señor que, según la opinión de los eruditos bíblicos, es el juicio final, la Gran Tribulación, justo antes de la segunda venida de Cristo. En esta profecía, Dios promete restaurar los años que la langosta (un insecto que puede diezmar las cosechas, las plantas y los árboles) ha robado a su pueblo. Y promete la venida del Espíritu Santo, que consolará a su pueblo y habitará dentro de ellos para que puedan guardar la ley y la santidad de Dios.

De hecho, una de las señales del final de los tiempos es un derramamiento especial del Espíritu sobre aquellos que son verdaderos creyentes. Los hijos y las hijas profetizarán, los ancianos tendrán visiones. La Palabra de Dios no será reemplazada. En cambio, estas profecías, sueños y visiones refuerzan la presencia del Espíritu Santo en una época de una maldad sin precedentes y el consiguiente juicio.

Por tanto, cuando los momentos se vuelvan más y más oscuros y el mal parezca desenfrenado e incontrolado, incluso sancionado por los líderes del mundo, ¡mira hacia arriba! El ministerio del Espíritu Santo llegará a ser más evidente cuando nuestro mundo se vuelva más oscuro. ¡El regreso de nuestro Señor está cerca!

14. El Salvador que vendrá

Pues nos ha nacido un niño, un hijo se nos ha dado;
el gobierno descansará sobre sus hombros,
y será llamado: Consejero Maravilloso, Dios
Poderoso, Padre Eterno, Príncipe de Paz.

ISAÍAS 9:6 NTV

Una tradición muy amada del cristianismo es la representación del *Mesías* de Haendel, en especial esas secciones que se centran en las profecías que rodean el nacimiento de Jesucristo. Una de las favoritas es cuando las sopranos comienzan una fuga con las rítmicas palabras de la profecía de Isaías: "Porque un niño nos es nacido, un hijo nos es dado, un hijo nos es dado". El resto del coro toma el tema y lo expande hasta que los tenores comienzan un tema y fuga nuevos: "Y el principado sobre su hombro". Entonces todo el coro se une en una gloriosa armonía: "Y se llamará su nombre Admirable, Consejero, Dios Fuerte, Padre Eterno, Príncipe de Paz".

Admirable Consejero. El primer nombre que asigna Isaías al Mesías, el Hijo de Dios.

¿Con qué frecuencia nos encontramos en necesidad de un sabio consejo? ¿Un consejo con repercusiones eternas?

A pesar de que Dios levantó a muchas personas durante los siglos con la capacidad de aconsejar, de dar una buena exhortación, nadie lo hace mejor que su Hijo, el Admirable Consejero. No solo dirige al Espíritu Santo que habita dentro de nosotros, sino que también nos ha dado su Palabra escrita, la Biblia, el libro final de la sabiduría, la exhortación y el consejo de Dios.

No hay nada de malo en acudir a personas que dan consejo, especialmente a aquellas que actúan basándose en la Palabra de Dios. Pero nuestro Consejero final es Jesucristo. Él ha prometido que si le buscamos, le hallaremos (Isaías 55:6). Cuando acudimos a Él, Él promete mostrarnos cosas grandes y poderosas que antes no entendíamos o conocíamos (Jeremías 33:3).

Jesús insistió: "Pidan, y se les dará; busquen, y encontrarán; llamen, y se les abrirá. Porque todo el que pide, recibe; el que busca, encuentra; y al que llama, se le abre" (Mateo 7:7-8 NVI). Y Santiago escribió para animar a los creyentes que tenían falta de la sabiduría de Dios, para que se la pidieran, asegurándoles que Él se la concedería de forma gratuita (Santiago 1:5).

Busca hoy a este Admirable Consejero. Lo hallarás.

15. Adquiere todo el consejo que puedas

Consigue todo el consejo y la instrucción que puedas,
para que seas sabio por el resto de tu vida.
PROVERBIOS 19:20 NTV

Salomón, el hombre más sabio de todos los tiempos, escribió a su hijo el libro de Proverbios. Agradecido al Señor por concederle la sabiduría que le había pedido para gobernar a su pueblo, Salomón quería impartir algo de ella a sus hijos. Lamentablemente, sabemos por las Escrituras que Roboam rechazó el consejo paternal de Salomón. No tenía el más mínimo deseo de seguir al Señor ni de ser guiado por los consejeros de Salomón. Y el Señor utilizó su necedad para dividir el reino.

Sin embargo, las sabias palabras de Salomón han hecho eco a lo largo de los siglos, y muchos se han beneficiado de ellas. Este versículo escogido para esta lectura enfatiza la importancia de recibir consejo e instrucción de otros que han aprendido por medio de la experiencia y del consejo de los demás. En el primer capítulo de Proverbios, Salomón escribe: "El temor del Señor es el principio del conocimiento; los necios desprecian la sabiduría y la disciplina" (1:7 NVI). Él también aconsejó a su hijo que escuchara a su predecesor, pues ese es el camino de los sabios. Los necios se niegan a escuchar y desprecian a los que intentan impartir conocimiento en un esfuerzo sincero por ayudar.

Cuando Roboam se enfrentó a una decisión importante, justo al comienzo de su reinado, fingió recibir el consejo de los ancianos, de aquellos que habían aconsejado a Salomón. Pero en lugar de tomar en cuenta su sabiduría, escogió prestar oído a sus colegas, que eran tan necios como él, para perjuicio suyo y de su pueblo.

Dar o recibir consejo son las dos caras de una misma moneda. Si nos piden que aconsejemos a alguien, somos necios si impartimos consejo fuera de la Palabra de Dios, independientemente de la edad que tengamos. Para ser sabio de verdad a la hora de dar consejo debemos entregarnos con sinceridad, y después hacernos a un lado, no obligar a quienes nos lo pidieron a que lo sigan. No somos responsables de cómo lo reciban los demás.

Recuerda: "Consigue todo el consejo y la instrucción que puedas, para que seas sabio durante el resto de tu vida".

16. La obra del Espíritu Santo

*Pero cuando venga el Espíritu de verdad, él os
guiará a toda la verdad; porque no hablará por su
propia cuenta, sino que hablará todo lo que oyere,
y os hará saber las cosas que habrán de venir.*

JUAN 16:13 RVR1960

¿Te preocupa tu incapacidad de comprender las cosas de Dios? ¿Te inquietas por tu futuro o por el futuro del mundo? Dios no nos ha dejado en la oscuridad. Nos da el Espíritu de verdad. El Espíritu nos guía a la verdad, y nos ayuda a caminar por este mundo a menudo confuso.

Lucas 24 incluye una historia de dos hombres seguidores de Jesús que están profundamente confundidos. Han visto a los romanos matar al hombre que creían ser el Mesías. En su dolor oyeron el rumor de que Jesús había vuelto a la vida, pero una cosa así era difícil de entender. Cuando intentaban razonarlo, Jesús se les apareció y les preguntó por qué estaban tan tristes; entonces: "Comenzando desde Moisés, y siguiendo por todos los profetas, les declaraba en todas las Escrituras lo que de él decían" (Lucas 24:27 RVR1960).

Cuando Jesús les dio a sus discípulos la promesa del Espíritu de verdad, sabía que en solo unas pocas horas sería colgado por los fariseos y asesinado. Él dijo: "Pero yo os digo la verdad: Os conviene que yo me vaya; porque si no me fuera, el Consolador no vendría a vosotros; mas si me fuere, os lo enviaré" (Juan 16:7 RVR1960).

Quería decirles más, pero sabía que no eran capaces de asimilar todo lo que tenía que decir. Es entonces cuando les prometió el Espíritu que les guiaría a la verdad y les ayudaría a navegar hacia el futuro.

El corazón del Señor por sus escogidos es el mismo hoy. Él sabe que el mundo es hiriente y confuso, así que se ofrece a nosotros por medio del Espíritu de verdad que habita en nosotros. El Espíritu nos conoce mejor de lo que nosotras mismas nos conocemos. Cuando somos capaces de recibir una verdad más profunda, Él nos guía hacia lo que necesitamos comprender. Se alegra de revelarnos las cosas que Jesús quiere que sepamos. Nuestro Señor nos habla por medio del Espíritu de verdad, y nos revela misterios de la vida espiritual. Él, quien conoce el futuro, nos guía a través de su Espíritu, nos ayuda a manejar las cosas por venir.

17. No temas

Pues Dios no nos ha dado un espíritu de temor y
timidez sino de poder, amor y autodisciplina.
2 Timoteo 1:7 ntv

"¡No temas!" es una frase que se repite a menudo en las Escrituras. ¿Cómo la oyes en tu cabeza? ¿Es un mandamiento que parece inalcanzable o una tranquilidad reconfortante del Dios todopoderoso? Las Escrituras nos indican que no temamos, pues nuestro Padre celestial sabe que somos propensas a ello. Él dice que no temamos, porque siempre tiene un plan.

Escucha las palabras reconfortantes de Isaías 35:4: "Digan a los de corazón temeroso: 'Sean fuertes y no teman, porque su Dios viene para destruir a sus enemigos; viene para salvarlos'" (ntv).

El temor es una respuesta humana natural, pero no es de Dios. El temor proviene del enemigo de nuestra alma. El perfecto amor de Dios confronta el temor, y acaban con él. Cuanto más confiamos en Él y en su amoroso plan, más vivimos sin temor.

Dios quiere reemplazar nuestro temor y timidez con su amor, su poder y su autodisciplina. Alguna versión describe la disciplina personal como "las capacidades que tienen como resultado de una mente tranquila, equilibrada y autocontrolada". ¿No te encanta? ¿Qué se puede comparar a vivir con una mente tranquila y controlada en lugar de hacerlo con temor?

Gracias a la obra acabada de Jesús en la cruz, estamos siendo continuamente transformadas del modo de pensar y de vivir del viejo hombre al suyo. Las Escrituras nos dicen que renovemos nuestras mentes. Una forma de hacerlo es meditar en los versículos que reemplazan el viejo paradigma con el nuevo modo de caminar en el Espíritu con Jesús.

Aquí tienes un plan de ataque para aquellos que luchan con el temor: lee 2 Timoteo 1:7 en diferentes versiones de la Biblia. Escoge la que te hable de una forma más profunda. Imprímelo en tarjetas y coloca una en tu espejo, y otras en tu coche, en tu cartera, en tu nevera (en cualquier lugar donde las veas). Memoriza esta hermosa verdad. Piensa en ella. Repítela varias veces al día.

Dios dice que Él no nos ha dado un espíritu de temor y timidez. Eso no quiere decir que nunca sintamos miedo, pero vivir por su poder significa hacerle frente al temor. ¿Y si la próxima vez que el temor te llame respondes simplemente: "Dios no me ha dado un espíritu de temor y timidez, sino de poder, amor y autodisciplina"? Inténtalo. Solo tienes que pedir valor.

18. No temas, no estás sola

*No amen el dinero; estén contentos con lo que
tienen, pues Dios ha dicho: "Nunca te fallaré. Jamás
te abandonaré". Así que podemos decir con toda
confianza: "El Señor es quien me ayuda, por tanto, no
temeré. ¿Qué me puede hacer un simple mortal?".*

Hebreos 13:5-6 ntv

"No temas" o "No tengas miedo" aparece trescientas sesenta y cinco veces a lo largo de las Escrituras. La humanidad está llena de temor, pero Dios aborda esos temores en su amada carta a nosotros.

La palabra griega para temor es *phobeo*, término del que procede nuestra *fobia*. Interesante, ¿no es así? Puedes buscar en Google *fobia* y encontrar listas de temores que tiene la gente, desde la ablutofobia (el temor de lavarse o bañarse) hasta la zoofobia (el temor a los animales). En realidad, existe toda una página web dedicada a una lista completa de fobias: phobialist.com.

No hay duda de que Dios tiene que repetirse muchas veces. No hay nada que debamos temer pues Él es el Creador de todas las cosas. Eso no quiere decir que hagamos una tontería como caminar por un precipicio para demostrar nuestra falta de miedo. El Señor ha infundido dentro de nosotros unos temores naturales para impedir que desafiemos las leyes de la naturaleza. Pero el temor excesivo muestra una falta de confianza en Dios. Él nos ha indicado que no debemos temer, porque nunca estamos solas.

Su presencia está siempre con nosotras en forma del Espíritu Santo que habita en nosotras desde el momento en que recibimos el regalo de Dios de la salvación solo en Cristo.

De hecho, el escritor de Hebreos es bastante enfático en el 13:5 cuando escribe: "No te fallaré en modo alguno ni te dejará sin respaldo. [Nunca], no, [nunca], no los abandonaré ni un solo momento a ustedes que son indefensos ni los defraudaré (no los soltaré de mi mano) [¡Desde luego que no!]" (AMP)

El compositor Robert Keene recogió esto con énfasis cuando escribió el siguiente verso de "Cuán firme cimientos":

Al alma que anhele la paz que hay en Mí,
jamás en sus luchas la habré de dejar;
si todo el infierno la quiere perder,
¡yo nunca, no, nunca, la puedo olvidar!

De modo que la próxima vez que tengas miedo, que te enfrentes a una situación imposible, a circunstancias insuperables o a los fuegos infernales del enemigo, recuerda que no estás sola. El Dios del universo, el todopoderoso Dios Creador, nunca jamás te deja sola.

19. No temas, estás a salvo

Pero ahora, así dice el Señor, el que te creó, Jacob, el que
te formó, Israel: "No temas, que yo te he redimido;
te he llamado por tu nombre; tú eres mío. Cuando
cruces las aguas, yo estaré contigo; cuando cruces los
ríos, no te cubrirán sus aguas; cuando camines por el
fuego, no te quemarás ni te abrasarán las llamas".

Isaías 43:1-2 NVI

Le perteneces a Dios. Has sido redimida por su sangre y comprada con su vida, eres de gran valor. Si la vida se vuelve del revés, trae confusión y dolor, Él está ahí. Cuando todo parece desesperado y sin esperanza, Él está contigo. Está plenamente comprometido con los suyos.

Las historias del Antiguo Testamento reflejan la verdad del Nuevo Testamento. Los israelitas cruzaron un mar y un río literales. A pesar de que ambas situaciones parecían imposibles y el pueblo tenía miedo de ser engullido por las "infranqueables" aguas, Dios hizo algo humanamente inconcebible. Despejó un camino seco. No solo atravesaron sin ahogarse; ni siquiera tuvieron que ir a nado.

¿Y qué me dices de Sadrac, Mesac y Abednego? El horno ardía y rugía siete veces más caliente de lo habitual cuando fueron lanzados, atados, a sus profundidades. Estaba tan caliente que los soldados que los arrojaron murieron abrasados. Pero ellos caminaron en medio del fuego, completamente a salvo y, maravilla de maravillas, se les unió un cuarto hombre que parecía "un hijo de los dioses" (Daniel 3:25 BLP). Cuando fueron liberados, ni siquiera olían a humo.

Estas historias representan una imagen para nuestra propia comprensión. Cuando parece no haber salida, cuando los problemas parecen estar a punto de barrernos y no vemos forma de atravesarlos, Dios divide las aguas de la adversidad. Cuando las pruebas arden, tal vez incluso siete veces más de lo que hayamos experimentado jamás, no estamos solas. El Hijo de Dios mismo camina con nosotras, nos consuela, nos protege, y la prueba ardiente no nos consume.

La promesa es verdad para sus escogidos. Él habla con el mismo amor al Israel antiguo que a los creyentes de hoy. "No temas, porque yo te redimí". Él afirma: "Te puse nombre, mío eres tú. Cuando pases por las aguas, yo estaré contigo; y si por los ríos, no te anegarán. Cuando pases por el fuego, no te quemarás, ni la llama arderá en ti" (Isaías 43:1-2 RVR1960).

20. No temas, la fuerza de Dios te sostendrá

*Así que no temas, porque yo estoy contigo; no te
angusties, porque yo soy tu Dios. Te fortaleceré y te
ayudaré; te sostendré con mi diestra victoriosa.*

ISAÍAS 41:10 NVI

El temor. Desgarra. Paraliza los músculos. Entumece
la mente. Es real, y nuestros cuerpos reaccionan ante
él.

¿Te está llamando Dios a algo que parece un fracaso seguro? O tal vez la tarea que tienes por delante
requiere que escales más alto por fe de lo que jamás
habías subido antes... y no hay red de seguridad alguna debajo. Al menos, ninguna que puedas ver. ¿O
está estirando tu fe y pidiéndote que camines por un
sendero que no puedes ver? No tienes ni idea de dónde se encuentran los obstáculos, aunque sabes que
podrían estar ahí. Y la única luz que tienes es tan
pequeña que no puedes ver más de lo que tienes un
paso por adelante.

Es un lugar escalofriante. Emocionante.

¿Cómo puede una situación ser ambas cosas al
mismo tiempo? En realidad, es escalofriante, abru-
madoramente aterrador, si lo miramos con nuestros
ojos terrenales. Pero también es emocionante si con-
templamos la oportunidad a través de los ojos de la
fe, sabiendo que Dios está con nosotras a cada paso
del camino.

El pueblo de Israel se estaba enfrentando al juicio de Dios por su continua insistencia en seguir su

propio camino. El exilio (alejados de la tierra que Dios les había entregado, apartados de todo lo conocido), en manos del nuevo poder mundial, los babilonios, era una amenaza muy real. Pero Dios les dio esta promesa: "No debes tener miedo de lo que está por delante. No tienes que mirar alrededor, a todos los peligros potenciales. Yo soy tu Dios. Te fortaleceré para el duro viaje que te espera. Te ayudaré en cada paso que tomes. Te sostendré (y permanecerás fuerte) con la diestra de mi justicia de poder (parafraseo de la autora).

Dios es todopoderoso, omnisciente y siempre presente. Siempre. Podemos avanzar hacia lo que nos depare el futuro sin temor.

21. Cuida tu corazón

Sobre todas las cosas cuida tu corazón, porque
este determina el rumbo de tu vida.
Proverbios 4:23 ntv

En el tono de un padre sabio y amoroso, el autor de
Proverbios 4 apela a los lectores para que tomen "en
serio" su consejo. Ofrece un motivo *sincero* para que
el lector "adquiera sabiduría" y "desarrolle un buen
juicio". Lo contrasta con el camino de los malvados
que "es como la más densa oscuridad" en la que los
perversos "ni siquiera saben con qué tropiezan" (Proverbios 4:5, 19 ntv). Nuestras elecciones *sí* tienen
consecuencias. Cuando actuamos con buen juicio,
tomándonos *en serio* la sabiduría, hay buenos resultados. ¿Pero qué pasa cuando tomamos decisiones
sin buscar primero la sabiduría? Tropiezo y "densa
oscuridad".

En medio de esta súplica por buscar sabiduría, el
autor amonesta: "Por sobre todas las cosas cuida tu
corazón, porque de él mana la vida" (4:23 nvi). En
alguna versión leemos "fuentes de vida" que fluyen
del corazón.

¡El corazón debe guardarse, porque necesita protección! Las decisiones imprudentes, sean nuestras o
nos las impongan las personas imprudentes o malvadas, tienen consecuencias hirientes. El corazón se ve
herido cuando sus afectos se colocan sobre las am-
biciones mundanas o las relaciones insanas. Uno de
los asaltos sobre los corazones más graves y que más

alteran la vida es la falsa creencia.

Los sistemas de falsa creencia son a menudo el resultado de las heridas que soporta el corazón, y están llenos de mentiras insidiosas. El enemigo trabaja para matar los corazones que fluyen vida susurrando que el pueblo de Dios no es amado, que es inadecuado, que no tiene poder y que no es digno de las bendiciones que Dios ya ha dado. El diseño del enemigo es la destrucción. Él lucha por mantenernos alejados de la vida que dio Jesús, una vida que es plena y abundante (Juan 10:10).

Jesús contradice las mentiras con la cruz, con su sacrificio que prueba que ama a su creación, su sangre nos hace dignas, y su Espíritu empodera la vida sincera y significativa. Cuando las mentiras asalten nuestro corazón, estemos alerta y vivamos la verdad de la cruz.

Proteger el corazón es un asunto delicado. A veces debemos dejar afectos insanos. En otras ocasiones debemos alejarnos de las relaciones que asaltan nuestros corazones. Es necesario que nos mantengamos en constante vigilancia para rechazar las mentiras y creer la verdad. Debemos buscar siempre la sabiduría de Dios y tomarla *en serio*.

22. Asegúrate de su llamado

Aplicando su diligencia [a las promesas divinas, hagan todo
esfuerzo] al [ejercer] su fe para desarrollar la excelencia
moral... el conocimiento (percepción y comprensión)...
auto control... constancia... piedad... el afecto fraternal y...
[desarrollar el] amor [cristiano, es decir, aprender a buscar
sin egoísmo lo mejor para los demás y a hacer las cosas por su
beneficio]... Por tanto, creyentes, sean lo más diligentes para
asegurarse de su llamado y de que haber sido elegidos por él
[cerciórense de que su conducta refleje y confirme su relación
con Dios]; porque al actuar así [desarrollando de forma activa
estas virtudes], jamás tropezarán [en su crecimiento espiritual
y vivirán una vida que aparte a los demás del pecado].

2 PEDRO 1:5-7, 10 AMP

Tanto en los escritos de Pablo como en los de Pedro,
vemos cómo alientan a sus lectores en varios sitios
para que "comprueben" el llamamiento de Dios. En
este pasaje de 2 Pedro, el apóstol estimula a los creyentes a que se esfuercen en responder a las promesas de Dios en nuestro caminar espiritual con Cristo,
pues cuando lo hacemos, otros lo ven a Él y son atraídos hacia este modo de vida.

Otro beneficio de apoderarse de las promesas de
Dios es que nos volvemos cada vez más fuertes en
nuestra fe personal, y ya no tenemos la tendencia a
tropezar con nuestro propio pecado ni a causar que
otros tropiecen con nosotras.

La idea consiste en practicar la diligencia o ejer-
citar los músculos de nuestra fe para desarrollar un

carácter cristiano que se pueda expresar en un término musical, cantando juntos, a coro. En otras palabras, la excelencia moral, el conocimiento, el autocontrol, la perseverancia, la sumisión a Dios, el afecto fraternal y el amor no están simplemente pegados uno sobre otro para crear un todo. Más bien, están "cantando a coro", unidas en un conjunto armonioso.

Para una composición musical, el compositor puede tener una única melodía en mente. Pero cuando se desarrolla, otras líneas se despliegan y se entretejen en una agradable disposición. Todas las partes trabajan unidas, con una parte que a veces es prioritaria, y luego otra. Pero al final, todas las partes se funden en una pieza completa y plena.

Dios desea que el carácter cristiano represente una sinfonía completa, y cada una de sus promesas forman una armonía con la melodía que la agrada a todo aquel que la experimenta.

23. No desesperes

Así que no nos cansemos de hacer el bien.
A su debido tiempo, cosecharemos numerosas
bendiciones si no nos damos por vencidos.
GÁLATAS 6:9 NTV

Si alguien tenía derecho de cansarse de hacer el bien, ese era José. Cuando era adolescente (probablemente a la edad de diecisiete), se le concedió un sueño de grandeza. ¡Cómo debió de haber esperado que ese poder y ese honor fueran suyos!

Sin embargo, lo que sucedió durante los siguientes años parecía muy diferente. En primer lugar, los hermanos de José lo vendieron como esclavo. Su vida se convirtió en un ciclo. José trabajó duro, ganó favor y luego fue maltratado. Sin haber hecho nada, acabó encontrándose en una prisión egipcia. José tenía treinta años antes de experimentar la plenitud de la profecía. Sin la menor duda, ¡esos treinta años debieron de parecer una eternidad para el joven José!

Pero José no malgastó esos años. Vivió con integridad e hizo el bien allá donde la vida le llevó. José vivió la amonestación que Pablo hizo más tarde a la iglesia de Galacia: "Presta mucha atención a tu propio trabajo, porque entonces obtendrás la satisfacción de haber hecho bien tu… Pues cada uno es responsable de su propia conducta" (Gálatas 6:4-5 NTV).

José podía haber respondido de forma diferente al dolor que experimentó, pero escogió vivir según los caminos de Dios. Finalmente, cosechó mucho bien, no solo en su propia vida, sino también en las vidas de aquellos a los que ayudó. Pablo declaró: "Siempre se cosecha lo que se siembra. Los que viven solo para satisfacer los deseos de su propia naturaleza pecaminosa cosecharán, de esa naturaleza, destrucción y muerte; pero los que viven para agradar al Espíritu, del Espíritu, cosecharán vida eterna" (6:7-8 NTV).

No es fácil estar en la sala de espera de la vida. A menudo, Dios concede sueños mucho antes de cumplirlos. En ocasiones pasan años, no meses. Esperar es difícil, pero es nuestro campo de entrenamiento. Como José, tenemos que tomar una decisión. Podemos vivir para agradar al Espíritu de Dios en la espera, con los ojos fijos en él, aguardando una buena cosecha, o podemos ser unas amargadas y dejar de hacer lo bueno.

Para aquellos que se quedan en camino, *habrá* una cosecha. Es posible que no sea exactamente como soñamos. ¡Probablemente José no esperaba acabar siendo la mano derecha de Faraón! Pero Dios promete que la cosecha llegará a su debido tiempo.

24. Tu trabajo no es en vano

Así que, hermanos míos amados, estad firmes y constantes,
creciendo en la obra del Señor siempre, sabiendo
que vuestro trabajo en el Señor no es en vano.
1 Corintios 15:58 rvr1960

Todas hemos nos hemos encontrado así en un momento u otro. Algunas de nosotras, muchas veces. Se nos escapa de las manos. Estamos frustradas. Cansadas. No, más que eso, estamos exhaustas por tantas noches en vela. Desanimadas. Preparadas para abandonar. Solas. Nos enfrentamos a gigantes con apenas las fuerzas suficientes para alzar una ceja, por no hablar de la armadura corporal que necesitamos para sobrevivir.

Las estadísticas afirman que la mayoría de las personas abandonan en los días, las horas, los minutos antes de avanzar. ¡Qué triste! Estar tan cerca de la victoria, del éxito, y entonces abandonar. En términos comparativos, solo unos pocos perseveran y avanzan hacia el final. Nadie recuerda a una persona que haya desistido, pero todo el mundo oye hablar de quien persevera en medio de todas las dificultades para cumplir un sueño.

Al final de un largo debate sobre el Evangelio (la muerte, el entierro y la resurrección de Jesucristo), Pablo anima a los creyentes corintios a no desistir demasiado pronto de la vida cristiana. Es necesario que estemos firmes, que seamos inamovibles de nuestra posición en Cristo, y que avancemos hacia el final.

Y, a veces, la única forma en la que podemos hallar las fuerzas para continuar es recordar que nada de lo que hacemos para el Señor es en vano. Las obras que nos mueven hacia adelante no son vacías ni inútiles. Saber que nuestro trabajo es para el Señor, el Dios Creador del universo, da sentido y propósito a todo lo que hacemos.

Pablo temía ser colocado en un estante por no hacer nada para promover la Palabra, por dar golpes al aire en vano. Y no quería eso para aquellos que le seguían. No quería que se quedaran sin recibir su recompensa en los cielos. Así que, al final de su razonable debate sobre por qué el evangelio no es en vano ni está vacío, escribió estas palabras de ánimo, de promesa: nada de lo que hacemos para el Señor es hueco o no tiene propósito. Aunque no lo entendamos todo ahora, un día lo comprenderemos.

Ralph Waldo Emerson señaló: "Cualquiera que sea el rumbo que decidas, siempre hay alguien que te dice que estás equivocado. Siempre se levantan dificultades que intentan hacerte creer que tus críticas son correctas. Trazar una línea de acción y seguirla hasta el final requiere valor".

Así que continúa. Avanza hacia el final... con la ayuda siempre presente y el valor de Dios.

25. Sufrimiento que trae gloria

Ahora tenemos esta luz que brilla en nuestro corazón, pero nosotros mismos somos como frágiles vasijas de barro que contienen este gran tesoro... Por todos lados nos presionan las dificultades, pero no nos aplastan. Estamos perplejos pero no caemos en la desesperación. Somos perseguidos pero nunca abandonados por Dios. Somos derribados, pero no destruidos. Mediante el sufrimiento, nuestro cuerpo sigue participando de la muerte de Jesús, para que la vida de Jesús también pueda verse en nuestro cuerpo.
2 Corintios 4:7-10 ntv

Seamos sinceras: La vida es dura. Nos derriba. Nos caza. Se diría que llevamos una diana pintada en nuestras espaldas y que unos arqueros expertos están apuntando al centro. Los problemas nos presionan por todas partes, amenazan con desplumarnos en el juego de la vida. Nuestros cuerpos son frágiles, e incluso la piedra más pequeña que se interpone en nuestro camino es una roca que nos aplastará.

Pablo afirma que, a pesar de que nuestras vidas son como frágiles vasijas de barro, los problemas que nos presionan no nos aplastarán. Tropezamos, pero no nos destrozamos por completo. La gente mala nos persigue, queriendo destrozar todo lo cristiano que hay en nosotras.

Pero Dios nunca nos deja luchar solas. No somos aplastadas por los problemas que nos presionan la cara contra el suelo sucio del asqueroso sistema del mundo. A pesar de que la vida es desconcertante y de que no podemos comprender los propósitos de Dios para nuestras vidas, no nos lleva la desesperación. Nos derribarán, pero nunca estaremos inconscientes por mucho tiempo. Dios está en nuestro rincón y nos vuelve a empujar, nos sostiene hasta que estemos firmes.

¿Por qué permite las dificultades de la vida?

Porque cuando sufrimos por Cristo somos fortalecidas y nos hacemos indestructibles, con el mismo poder que lo levantó de la muerte. Su luz y su poder brillan en y a través de nosotras.

¡Qué maravillosa promesa! No importa lo dura que sea la vida, el Señor nos fortalece continuamente para enfrentarnos al sistema del mundo y a su oscuro príncipe, cuyo único propósito es destrozarnos para que la luz de Cristo no se vea.

Pablo lo indica de esta forma en su carta a los Romanos: "Si Dios es por nosotros, ¿quién contra nosotros?" (8:31 RVR1960).

La respuesta: ¡Nadie!

26. La disciplina de Dios produce un fruto apacible

Ninguna disciplina resulta agradable a la hora de recibirla. Al contrario, ¡es dolorosa! Pero después, produce la apacible cosecha de una vida recta para los que han sido entrenados por ella.
HEBREOS 12:11 NTV

Así como los niños no están deseando la disciplina de sus padres, los creyentes tampoco desean la de Dios, su amado Padre celestial. Sin embargo, incluso los niños reconocen la importancia de la disciplina.

Un sabio adolescente agradeció a sus padres por haber aplicado el criterio de la "junta educativa" a su "sede de conocimiento" tras el debate de un estudiante que estaba experimentando un período muy difícil de disciplina en la escuela. Los padres del segundo adolescente no habían aprendido la importancia de la disciplina cuando su hijo era pequeño, y recuperar el tiempo perdido era complicado ahora para todos ellos.

¿Acaso la disciplina era más agradable para el primer adolescente cuyos padres le habían disciplinado desde la infancia? No. Y él admite que es posible que le llevara más tiempo "comprenderlo" que a la mayoría de los niños, pero lo hizo y la vida fue mucho más fácil al final. Y sus años de adolescencia fueron un gozo. Pero hasta que nos convertimos en adultos y tenemos a nuestros propios hijos a quienes disciplinar, no entendemos realmente lo dura que es una buena disciplina, coherente y piadosa.

Entonces comprendemos mejor la disciplina de Dios. El teólogo puritano Stephen Charnock escribió: "A menudo aprendemos más de Dios bajo la vara que nos golpea que bajo el cayado que nos consuela". Dios promete que después de un tiempo de disciplina, un tiempo durante el cual Él purga el pecado y los comportamientos impíos que hay en nosotros, nuestra vida producirá una apacible cosecha de vida recta. ¡Y qué bendita paz es esta! Va mucho más allá de nuestro entendimiento (Filipenses 4:7). Nos envuelve en una caliente manta de consuelo. Se desborda desde nuestro interior hasta que los demás se ven afectados por ella y la desean para sí mismos.

Sé paciente durante tu tiempo de disciplina. Y sé paciente con aquellos que pueden ser parte de tu disciplina. Dios puede usar cualquier cosa y a cualquier persona como herramienta para ajustarnos, para fortalecernos, y para afianzarnos como una de los suyos. Si estás sufriendo la disciplina, ¡regocíjate! Es prueba de que eres una verdadera hija de Dios. Él te purga amorosamente de los comportamientos que atrofian tu crecimiento espiritual. Te ama demasiado como para permitirte continuar con unos comportamientos que te perjudicarán a ti y a su pueblo.

27. La corrección de Dios

¡Cuán dichoso es el hombre a quien Dios corrige! No menosprecies la disciplina del Todopoderoso. Porque él hiere, pero venda la herida; golpea, pero trae alivio.
JOB 5:17-18 NVI

Cuando los problemas descendieron sobre Job, varios de sus amigos fueron a compadecerse de él... y a ayudarle a ver por qué Dios le estaba castigando. Al menos pensaban que estaban siendo de ayuda. El autor de Job señala que al principio sus amigos se sentaron junto a él en silencio durante varios días.

Pero hubo momentos en los siguientes días, una vez que dieron rienda suelta a sus lenguas, en los que Job se quejó de que no eran de consuelo en absoluto. Sin embargo, en medio de la expresión de sus propias justicias y falsedades, a veces hablaban una pizca de verdad. Elifaz fue el primero de los amigos de Job en hablar. Casi al final de su primer "discurso" le pide a Job que no menosprecie la disciplina de Dios. En la mente de Elifaz, Dios estaba castigando a Job por algún pecado secreto, no revelado. Por supuesto, más tarde aprendemos que Él rechazó la valoración de Elifaz sobre la situación y Job tuvo que orar pidiendo perdón por Elifaz y sus otros tres amigos.

En algún punto de la dura experiencia de Job, afirma que desearía que hubiera algún gran pecado del que pudiera arrepentirse a fin de poder ver el propósito de su sufrimiento, pero no lo había. No menospreció la disciplina de Dios, pues entendía que el resultado final de la disciplina piadosa es la felicidad y las bendiciones de Dios.

Job tenía razón al creer que la disciplina divina nos purga de la vida perversa. Parte de sus oraciones diarias implicaban la intercesión a favor de sus hijos por la probabilidad de que sus muchas fiestas incluían comportamientos impíos. Pero no se le ocurría razón alguna en ese momento de su vida para la disciplina de Dios. Aun así, Elifaz acertó con una verdad eterna. Somos bendecidas cuando Dios nos corrige, pues su disciplina es una prueba de nuestro lugar en su familia. Como escribió Elisabeth Elliot: "Dios tiene que castigar a sus hijos de vez en cuando, y esa es la demostración de su amor".

28. Muchas moradas

En el hogar de mi Padre hay muchas viviendas; si no fuera así, ya se lo habría dicho a ustedes. Voy a prepararles un lugar. Y, si me voy y se lo preparo, vendré para llevármelos conmigo. Así ustedes estarán donde yo esté.
JUAN 14:2-3 NVI

Las librerías cristianas han vendido muchos diarios a lo largo de los años. Un día, una abuela piadosa que sabía que quizás no viviría mucho más, recogió un diario titulado *Un diario de fe y amor: Recuerdos de una abuela para su nieta* y rellenó las páginas de entrada del diario para cuando su nieta mayor se graduara en el instituto.

Pasaron muchos años, y su nieta descubrió el diario entre sus cosas cuando estaba empacando para mudarse. Cuando releyó el diario, las entradas tomaron un nuevo significado. Una de ellas destacaba entre todas.

"Cuando muera, creo que iré directamente a estar con el Señor", escribió su abuela con su hermosa letra. En 2 Corintios 5:6-9, Pablo habla sobre esto, e indica que lo sabemos por fe, no por vista. Sin embargo, recuerdo con claridad a mi abuela Fields contándonos la muerte de su madre. Dijo que había estado prácticamente en coma, pero de repente se sentó erguida y gritó: "¡Mira! ¡Veo a ___ y a ___ (sus hijos que habían fallecido jóvenes)! ¡Y veo a Jesús!".

Cuando leyó esto, la nieta recordó que justo antes de que su abuela muriera, ella también tuvo una visión del cielo, en la que vio a muchos de sus familiares y amigos que se habían marchado antes que ella. La joven mujer había estado presente y había oído a su abuela describir a las personas y el lugar lo mejor que pudo, con una lenta respiración. Entorpecida por la falta de palabras para describir los colores y otras cosas hermosas que veía, su abuela siguió diciendo: "¡Es mucho más! No existen palabras".

El cielo y la promesa del hogar eterno al que fue Jesús para prepararlo para nosotras, se convirtió en algo mucho más precioso y real para esa joven mujer, no solo el día de la visión de su abuela, sino también el día en el que redescubrió el diario. El cielo es real, y un día nuestro hogar eterno estará preparado para nosotras como Jesús prometió, y él vendrá para llevarnos a casa.

29. La muerte produce vida

Les digo la verdad, el grano de trigo, a menos que
sea sembrado en la tierra y muera, queda solo.
Sin embargo, su muerte producirá muchos granos
nuevos, una abundante cosecha de nuevas vidas.
JUAN 12:24 NTV

La muerte. Parece el final, pero tan solo es la entrada a una nueva vida. Cuando Jesús habló sobre el grano de trigo que debía morir antes de producir una cosecha, estaba profetizando su muerte en la cruz. Debido a que ofreció su vida sin pecado en sacrificio, abrió el camino para que todo aquel que cree en Él reciba una nueva vida aquí en esta tierra, así como una vida eterna para la eternidad.

A pesar de que Jesús es completamente Dios, también fue por completo hombre, con todas las emociones y las luchas de la condición humana. Después de presagiar su inminente muerte, declaró: "Ahora mi alma está muy entristecida. ¿Acaso debería orar?: 'Padre, sálvame de esta hora'. ¡Pero esa es precisamente la razón por la que vine! Padre, glorifica tu nombre" (Juan 12:27-28).

La muerte trae dolor, incluso le acarreó dolor a Jesús mismo. Cuando se enfrentó a su mayor prueba, se aferró a su llamamiento de volver a reconciliar a un pueblo pecador con su Creador, y glorificar a su Padre. Jesús permaneció firmemente comprometido con el plan de su Padre, pero eso no significa que no luchara para rendirse a él. En el versículo de arriba, tenemos vislumbres de su inminente batalla para escoger la voluntad de su Padre sobre la suya propia. No fue fácil la lucha que libró consigo mismo en el monte de Getsemaní. De hecho, la Escritura dice que oró con tanta fuerza que sudó gotas de sangre.

Las buenas nuevas son que Jesús no solo sentó un precedente al rendirse a la muerte; ¡También resucitó! Del mismo modo que Jesús se levantó de la tumba y volvió a atraer al mundo a Dios, Él resucita nuestras pasiones, sueños y ministerios. Cuando lo hace, descubrimos que tienen una nueva pureza que brilla con el aceite del Espíritu Santo. Nuestra batalla por rendirnos y yacer enterradas durante un tiempo nos enseña más sobre nuestro Señor y más sobre nosotras. Nuestra capacidad de rendirnos a Aquel que nos ha pedido que muramos para que podamos vivir se ha expandido. Ahora estamos preparadas para entrar en nuestro destino, y recoger la cosecha que planeó desde el principio.

30. Los cielos nuevos y la tierra nueva prometidos

*Pero, según su promesa, esperamos un cielo nuevo y
una tierra nueva, en los que habite la justicia.*
2 PEDRO 3:13 NVI

Pedro escribió su segunda epístola poco antes de ser
martirizado por causa del Evangelio. Sabía que su
tiempo en la tierra era breve, así que en esta carta
a los creyentes que estaban padeciendo persecución,
quería recordarles las promesas de Jesús de vida después de la muerte, o la vida después de la segunda
venida de Jesús en el aire para llevar a casa a sus hijos.

A causa de la persecución de los creyentes, que se
caldeó durante el reinado de Nerón como emperador,
muchos escépticos y falsos maestros cuestionaron la
afirmación de que Jesús volvería de nuevo. Muchos
creyentes habían muerto en los años posteriores a
la ascensión de Jesús al cielo, incluido muchos que
habían muerto en las diversas persecuciones. Estos
falsos maestros y escépticos dijeron que todo seguía
funcionando como lo había hecho desde la creación.

Pero Pablo recordó las palabras de Jesús durante su ministerio de enseñanza en la tierra, acerca del
juicio final que vendría. El juicio mediante un diluvio
universal en el tiempo noético llegó cuando el pueblo
no creía en la profecía de Noé respecto a la destrucción inminente. Así lo hará también el juicio final de
fuego, como Jesús profetizó. Pero Pedro recordó a sus
lectores que no solo serían destruidos los viejos cielos

y tierra por el fuego, sino que serían creados un cielo nuevo y una tierra nueva.

Juan describe el cielo nuevo (la nueva Jerusalén) y la nueva tierra que vendrá como "una novia hermosamente vestida para su esposo" (Apocalipsis 21:2 NTV). Entonces dirá Jesús: "¡Miren, hago nuevas todas las cosas!" (21:5 NTV). Jesús siguió hablando, además, sobre aquellos que habitarían en la nueva tierra: "¡Todo ha terminado! Yo soy el Alfa y la Omega, el Principio y el Fin. A todo el que tenga sed, yo le daré a beber gratuitamente de los manantiales del agua de la vida. Los que salgan vencedores heredarán todas esas bendiciones, y yo seré su Dios, y ellos serán mis hijos" (21:6-7 NTV).

Así como Jesús prometió que regresaría para el juicio final, prometió que prepararía un cielo nuevo y una tierra nueva para aquellos que acepten su regalo de salvación, de justicia, solo en Cristo.

Así que sé valiente. No te desanimes. Dios nos ha prometido una eternidad en el cielo. No lo ha olvidado.

31. Cosecha vida eterna

Los que viven solo para satisfacer los deseos de su propia
naturaleza pecaminosa cosecharán, de esa naturaleza,
destrucción y muerte; pero los que viven para agradar
al Espíritu, del Espíritu, cosecharán vida eterna.
GÁLATAS 6:8 NTV

El principio de sembrar y cosechar es una verdad eterna. En el versículo anterior a este, Pablo escribió: "Todo lo que el hombre sembrare, eso también segará" (6:7 RVR1960). Jesús contó varias parábolas que ilustran este principio.

Cuando un sembrador salió a sembrar semillas, estas cayeron en diferentes tipos de suelo. "Algunas cayeron sobre el camino y los pájaros vinieron y se las comieron. Otras cayeron en tierra poco profunda con roca debajo de ella. Las semillas germinaron con rapidez... pero pronto las plantas se marchitaron bajo el calor del sol y, como no tenían raíces profundas, murieron. Otras semillas cayeron entre espinos, los cuales crecieron y ahogaron los brotes; pero otras semillas cayeron en tierra fértil, ¡y produjeron una cosecha que fue treinta, sesenta y hasta cien veces más numerosa de lo que se había sembrado!" (Mateo 13:4-8 RVR1960). Más tarde, cuando explicó la parábola a sus discípulos, comparó a la semilla con la Palabra de Dios que es plantada en diferentes tipos de corazones y describió los resultados finales (13:19-23).

En otra ocasión, habló sobre la buena semilla y la mala semilla, el buen fruto y el mal fruto, y cómo cada uno produce según su especie (ver Mateo 12:33; Lucas 6:43).

Pablo escribió a las iglesias en Galacia, sorprendido por lo rápido que habían permitido que la falsa doctrina se deslizara en su enseñanza. Y de nuevo, el principio de sembrar y cosechar entabló el debate. Les recordó que todo lo que sembraran en vida (las cosas que daban placer a la carne o a los apetitos mundanos, o las cosas que eran del Espíritu de Dios), lo cosecharían en muerte. Por tanto, aquellos que solo vivan para sí mismos, para agradarse a sí mismos, cosecharán decadencia y muerte eterna. Los que vivan para agradar al Espíritu Santo segarán vida eterna en el cielo con el Señor.

Lo que hacemos aquí en la tierra importa. Del mismo modo que Moisés alentó a los hijos de Israel a escoger la vida cuando se establecieron en la Tierra Prometida (Deuteronomio 30:15-20), así alentó Pablo a sus lectores a escoger la vida, la vida eterna, mientras continúan aquí. Antes de que sea demasiado tarde. La eternidad es real.

32. Nunca moriremos

Entonces Jesús le dijo: "Yo soy la resurrección y la
vida. El que cree en mí vivirá, aunque muera;
y todo el que vive y cree en mí no morirá jamás".
JUAN 11:25-26 NVI

María, Marta y Lázaro eran amigos especiales de Jesús. Ellos siempre tenían un lugar para que Él y sus discípulos se quedaran cuando pasaban por Betania, una pequeña ciudad cerca de Jerusalén. Les proporcionaban un lugar cómodo para dormir y buena comida para comer.

Un día, Jesús se enteró de que Lázaro estaba muy enfermo y que estaba al borde de la muerte. Sin embargo, Jesús no corrió en seguida junto a la cama de su amigo. En vez de eso, se quedó donde estaba, ante la gran perplejidad de sus discípulos. Unos pocos días más tarde, se enteró de la muerte de Lázaro, y les dijo a sus discípulos que estaba preparado para ir a Lázaro, porque ahora "estaba dormido". Los discípulos estaban de nuevo desconcertados. ¿Era una buena señal que durmiera? ¿Significaba esto que se pondría mejor? ¿Por qué necesitaban ir ahora?

Jesús indicó sin rodeos: "Está muerto", con lo cual no hizo más que añadir a la confusión de los discípulos. Para entonces, la mayoría había descubierto que Jesús tenía una lección que enseñarles.

Pero Marta y María no eran tan comprensivas. Ambas le reprocharon a Jesús cuando por fin llegó, y le reprocharon que de haber estado allí Lázaro aún estaría vivo.

En la conversación de Jesús con Marta, le recordó que Lázaro viviría de nuevo. Cuando Marta comentó que sabía que un día Lázaro resucitaría, Jesús le respondió estas palabras de verdad y vida: "Yo soy la resurrección y la vida. El que cree en mí vivirá, aunque muera; y todo el que vive y cree en mí no morirá jamás".

Pronto, ella también comprendió la verdad de sus palabras, especialmente después de resucitar a Lázaro de la muerte y devolverlo a sus hermanas.

La promesa de Jesús de vida eterna es para aquellos que creen y reciben su regalo gratuito de salvación. Pueden morir ante una muerte física, pero vivirán eternamente con él en el cielo.

Jesús levantó a Lázaro de la muerte física. Pero, aunque Lázaro experimentó una segunda muerte física, nunca experimentó la muerte eterna. Lo veremos entre los santos, en el cielo, y pasaremos la eternidad con él.

33. ¿Qué es la fe?

El hecho fundamental de la existencia es que esta confianza en Dios, esta fe, es el cimiento firme que soporta todo lo que hace que la vida merezca la pena. Es nuestra idea de lo que no podemos ver.
HEBREOS 11:1 MSG

¿Qué es la fe? Es una pregunta vieja como el tiempo. Hebreos 11:1 nos facilita una definición del sustantivo: Es el cimiento firme que soporta todo lo que hace que la vida merezca la pena. Un cimiento es algo que no podemos ver. Está enterrado a gran profundidad en la tierra. Pero está ahí, y proporciona el apoyo que necesitamos para un edificio, para una vida.

Pero la fe no es solo un sustantivo. También es un verbo, un verbo activo.

Una definición útil es que la fe consiste en creer a Dios, aun cuando no nos parezca tener sentido humanamente hablando y, a pesar de todo, le obedecemos.

Las Escrituras nos aconsejan con frecuencia que caminemos por fe, no por vista. ¿Pero qué significa esto?

Abraham es el ejemplo por excelencia de alguien que vivió por fe. Pablo nos indica: "Creyó Abraham a Dios, y le fue contado por justicia" (Romanos 4:3 RVR1960). Dios vino a Abraham en forma de visión y volvió a declarar las promesas que le había hecho con anterioridad: Abram sería el padre de una gran nación, innumerable como las estrellas; su simiente, el hijo prometido, vendría a través de Sarai, su esposa; él y sus descendientes tendrían la tierra en la que ahora vivían como extraños. Entonces Abram creyó a Dios (que Él mantendría sus promesas) y Dios se lo contó por justicia (ver Génesis 15:1-6).

Abraham se enfrentó a su última prueba de fe cuando Isaac, el hijo de la promesa, era un adolescente (ver Génesis 22). Dios le pidió que sacrificara a Isaac en un altar. Las Escrituras no nos dicen si Abraham discutió; tan solo señala que, al día siguiente, se levantó temprano por la mañana y llevó a Isaac y a varios sirvientes en un viaje de tres días, a la montaña que Dios había especificado. Una vez allí, Isaac permitió que su padre lo atara y lo tumbara sobre la madera en el altar. Pero justo cuando Abraham levantó su brazo para clavar el cuchillo en el pecho de Isaac, Dios lo detuvo. Estaba satisfecho, porque la fe de Abraham en Él era fuerte y activa.

Hebreos 11:19 nos indica que Abraham creyó que si Dios le permitía seguir adelante con el asesinato de su hijo prometido, también sería capaz de levantarlo de los muertos.

La fe en acción; todas podamos demostrar este tipo de fe, siendo obedientes incluso cuando no entendemos.

34. ¿Sin esperanza? Cree a Dios de todos modos

Cuando todo era desesperanza, Abraham creyó de todos modos, y decidió no vivir basándose en lo que veía que no podía hacer, sino en lo que Dios afirmó que haría... Abraham no se centró en su propia impotencia y repitió: "Es imposible. Este cuerpo de cien años nunca podría ser padre de un hijo". Tampoco contempló las décadas de infertilidad de Sara y desistió. No anduvo de puntillas alrededor de la promesa de Dios realizando con cautela preguntas escépticas. Se sumió en la promesa y apareció fuerte, preparado para Dios, seguro de que Él cumpliría lo que había dicho. Por eso se afirma: "Abraham fue declarado apto delante de Dios al confiar en que Dios le justificaría".

ROMANOS 4:18-22 MSG

No resulta fácil creer en algo que no podemos ver. Sin embargo, Abraham, a los setenta y cinco años de edad, oyó que Dios le pedía que abandonara la tierra en la que había nacido, crecido y vivido, y que viajara a un país que Dios le mostraría. Y Abraham empacó su hogar, tomó a su esposa y a su sobrino (e inicialmente a su padre Taré), y se propuso obedecer. Tras una parada en Harán, donde falleció Taré, Abraham reanudó su viaje a esta tierra que solo Dios conocía (Génesis 11:27-12:9).

Dios también había prometido que convertiría a Abraham en padre de una nación grande e innumerable, a través de un hijo que nacería de Sara. Él se rio, y ella también, no por un descreimiento total, sino con la incredulidad de que Dios esperaría hasta que él tuviera cien años y Sara noventa antes de darles a Isaac (Génesis 17:17; ver también Génesis 15, 21).

Las Escrituras nos aclaran en varios lugares que Abraham creyó las promesas de Dios, incluso cuando tardaran mucho tiempo en cumplirse. Pablo indica en este pasaje de Romanos 4 que Abraham esperó aun cuando las circunstancias dictaban que no había esperanza. No se centró en su viejo cuerpo, sino que, en lugar depositó su fe en el Dios que podía hacer que ocurriera.

¿Y tú qué? ¿Te ha hecho Dios promesas? Los eruditos mencionan que existen más de cinco mil promesas en la Palabra de Dios. ¡Y todas son para nosotras! ¿Cómo es tu fe: crédula o incrédula? Si Abraham, otro mortal como nosotras, creyó que Dios era capaz de guardar sus promesas con él, ¿cuánto más deberíamos nosotras creer lo mismo, sin importar las imposibilidades que rodean a las promesas? Como hijas de Dios, creyentes en Jesucristo, seamos obedientes a la voz del Espíritu cuando nos aliente a "caminar por fe, no por vista".

35. Pequeña semilla, gran fe

*Entonces el Señor dijo: "Si tuvierais fe como un
grano de mostaza, podríais decir a este sicómoro:
Desarráigate, y plántate en el mar; y os obedecería".*
LUCAS 17:6 RVR1960

El grano de mostaza es la semilla más pequeña de todas las plantas. Insignificante, minúsculo, se dispersa
con facilidad; estas palabras no son en absoluto un
indicio de los grandes arbustos que resultan de tan
diminutas semillas.

Jesús afirmó que si tenemos fe, aunque sea tan
pequeña como la planta más pequeña que él creó,
podemos mover montañas (Mateo 17:20). En otras
palabras, todo aquello que creamos que Él *puede hacer*, lo *hará* si se lo pedimos con fe.

Pedro demostró esta promesa cuando Jesús caminó sobre las aguas en medio de una tormenta, y
se dirigió hacia donde se encontraban los discípulos
afanados en impedir que su pequeño barco volcara.
Una vez que supieron quién era el "fantasma", Pedro
pidió caminar también sobre las aguas.

Jesús le invitó a unirse a Él, y Pedro salió del
barco y caminó unos cuantos pasos sobre las aguas.
Mientras mantuvo sus ojos en Jesús, todo fue bien.
Pero tan pronto como apartó la vista de Él, y miró
el mar tempestuoso que lo rodeaba, sintió pánico
y comenzó a hundirse. Pero antes de que no poder
hacer más que gritar: "¡Señor, sálvame!", Jesús alar-
gó su mano, agarró fuerte a Pedro, y calmó el mar

tormentoso. Una vez que subieron al barco, se volvió hacia Pedro y le dijo: "Estás con Aquel que creó todas las cosas, Aquel que sustenta todas las cosas, ¿por qué dudaste? (ver Mateo 14).

La misma pregunta resuena a lo largo de los siglos desde entonces: ¿Por qué dudas?

La fe es esencial para una relación vibrante con Cristo. En Hebreos 11:6 leemos: "Es imposible agradar a Dios al margen de la fe. ¿Y por qué? Porque cualquiera que quiera acercarse a Él debe creer que existe y que se preocupa lo bastante como para responder a aquellos que le buscan" (MSG). Si creemos en Dios lo suficiente como para aceptar su regalo gratuito de salvación, solo en Cristo, entonces, ¿por qué no podemos creerle para todo lo demás?

Incluso una fe pequeña logra mucho cuando creemos y actuamos en sus promesas.

36. Plenos derechos y privilegios

Para ustedes [los nacidos de nuevo, que han
renacido de arriba, espiritualmente transformados,
renovados, santificados y] son todos hijos de Dios
[apartados para su propósito con plenos derechos y
privilegios] por medio de la fe en Cristo Jesús.
GÁLATAS 3:26 AMP

Crecer produce confusión. Si consideras las normas y los privilegios para saber cuándo eres adulta, a los dieciséis puedes conducir. Con dieciocho puedes votar y morir por tu país. Otros privilegios llegan a los veintiuno, pero los padres pueden reclamarte como hijo en su seguro sanitario hasta que tengas veintiséis años.

Con Jesús no sucede así. Para reclamar los derechos plenos y los privilegios de hija de Dios, solo necesitas una cosa: Su salvación. No hay mayoría de edad, no hay obstáculos de madurez que sortear. Jesús lo hizo todo cuando nos reconcilió con su Padre y nos estableció como coherederos suyos.

Como hijas de Dios ya no estamos en el cautiverio de la oscuridad de este mundo. Somos libres de disfrutar una vida de gracia, sin culpa ni vergüenza. Como sus hijas amadas, estamos sentadas con Jesús a la diestra de nuestro Padre, ¡el Rey de reyes!

Anteriormente en este capítulo, Pablo reprende a los gálatas. Están centrados en su comportamiento y en la ley para la justicia. Señala que todos los que buscan "la justificación y la salvación mediante la obediencia a la ley y la observancia de rituales" están bajo una maldición (3:10, AMP). La ley se entregó para revelar el pecado, pero nunca puede solucionar sus problemas.

Los gálatas eligieron vivir la autoridad de un tutor en lugar de vivir como ciudadanos del cielo, libres y maduros. Es fácil quedarse pasmado con su elección. ¿Quién abandonaría la maravilla de vivir con Dios como un Padre personal, que otorga todos los derechos y los privilegios del cielo a sus hijos?

¿Pero acaso no caemos nosotros en el mismo pensamiento?

Tropezamos y nos avergonzamos. Pronto vivimos como personas indignas, como si estuviéramos en una prisión en lugar de la sala del trono del cielo. O nos enfocamos en el buen comportamiento o servicio, e intentamos ganar el favor de Dios por lo *que hacemos* en vez de darnos cuenta de que ya lo tenemos por *quienes somos*. Cambiamos una relación personal y vibrante de amor incondicional por una lista de normas.

¡Afortunadamente no tiene que ser así! Como hijas del Padre, compradas con la sangre de Jesús, ¡*siempre* tenemos acceso a la sala de la familia y al corazón de nuestro Papá celestial!

37. Todo es posible

"¿Cómo que 'si puedo'?", preguntó Jesús.
"Todo es posible si uno cree".
MARCOS 9:23 NTV

Este pobre padre, que apenas pendía de un hilo, trajo a su atribulado hijo a Jesús. El chico estaba poseído por un fuerte demonio, uno que se deleitaba en poner al niño en peligro. Por voluntad del demonio, el muchacho era poseído y quedaba enmudecido. "Y, cada vez que se apodera [el espíritu maligno] de él —le explicó su padre a Jesús— lo arroja con violencia al suelo y él echa espuma por la boca, rechina los... A menudo, el espíritu lo arroja al fuego o al agua para matarlo" (Marcos 9:18, 22 NASB). Su padre estaba cansado de tener que estar pendiente de él veinticuatro horas, los siete días de la semana.

Pero no encontró a Jesús, solo a sus discípulos. Jesús había llevado a Santiago, Juan y Pedro, su círculo más íntimo, a la montaña, donde se transfiguró y se reunió con Moisés y Elías. Los discípulos que quedaban intentaron sanar al chico, pero no sucedió nada.

Frustrado, exhausto, al límite de su cordura, el padre se acercó a Jesús tan pronto como bajó de la montaña. En este punto, la fe y la esperanza que le había traído a buscar la sanidad de su hijo se había desvanecido casi enseguida. Sus palabras a Jesús reflejan su enorme decepción: "Ten misericordia de nosotros y ayúdanos si puedes".

Jesús respondió: "¿Si puedo? Todo es posible si uno cree". Y sanó al niño, expulsando al demonio. Jesús dijo: "Esta clase de demonios solo puede ser expulsada a fuerza de oración" (Marcos 9:28-29 nvi).

¿Y qué me dices de ti? ¿Te estás enfrentando hoy a una situación imposible? ¿Estás cansada de intentar hacer que funcione? ¿De arreglarlo? Recuerda, todo es posible si uno cree.

Como nos recuerda el antiguo coro de Eugene Clark "Nada es imposible cuando pones tu confianza en Dios. Nada es imposible cuando confiamos en su Palabra. Escuchen la voz del Dios que dice: '¿Existe algo demasiado difícil para mí?'. Entonces pon tu confianza solo en Dios y descansa en su Palabra. Pues todo, oh sí, todo es posible con Dios".

38. Mantén tus ojos en Jesús

Mantengan sus ojos en Jesús, quien empezó y acabó la
carrera en la que nos encontramos. Estudien como lo hizo
él. Porque nunca perdió de vista la dirección en la que se
movía —la gozosa meta en y con Dios—, pudo soportarlo
absolutamente todo: la cruz, la vergüenza, todo. Y ahora
está ahí, en el sitio de honor, justo al lado de Dios. Cuando
flaqueen en su fe, vuelvan a leer esta historia de nuevo, paso
a paso, esa larga letanía de hostilidad que él experimentó.
Esto será una inyección de adrenalina para sus almas.
HEBREOS 12:2-3 MSG

Imagina las gradas del cielo. Están Josué y Ester. Entre ellos se encuentra tu abuela, y tu mejor amiga está a su lado. ¿Pero quién está ahí, justo en el medio? ¿Ese que grita más fuerte, que casi salta de entusiasmo? No es otro que Jesús mismo. Fijas tus ojos sobre su radiante rostro. El cansancio se desvanece. Dejas de preguntarte si debías ganar o incluso correr. Crees que la victoria es tuya.

Hebreos 12 compara la vida cristiana con una carrera que requiere gran resistencia. El Padre establece el camino, y es Jesús, que ya es campeón, quien crea ganadores. No solo su sangre da la victoria, sino que su ejemplo ayuda a sus escogidos a soportar la dureza, a dejar ir la vergüenza y a no abandonar nunca.

Pero no para ahí. Aquel que inició la fe, la perfecciona.

Una técnica común en la educación para conductores consiste en enseñar a los estudiantes a mirar dónde quieres que vaya el coche si este comienza a deslizarse. Si el conductor mira hacia el deslizamiento, ahí es donde va a parar el auto, pero si se centra en la carretera que tiene ante él, el vehículo se redirige solo.

¿Acaso no es así el caminar cristiano? Si mantenemos nuestros ojos en Jesús, vamos a donde Él nos dirige. Llegamos a ser como Él. Tenemos valor. Pero si nos enfocamos en enredarnos en los pecados, volvemos a deslizarnos hacia ellos. Nos centramos en las faltas y en los fracasos, los repetimos. Si nos concentramos en los obstáculos, perdemos el ánimo.

Tenemos una promesa: nuestro Señor perfeccionará nuestra fe. No es nuestra labor preocuparnos por si podemos correr esta carrera o no. Simplemente mantenemos nuestro enfoque en Aquel que ya ha ganado. Él nos conduce a la victoria.

39. Fiel a todas las generaciones

Reconoce, por lo tanto, que el Señor tu Dios es
verdaderamente Dios. Él es Dios fiel, quien cumple su
pacto por mil generaciones y derrama su amor inagotable
sobre quienes lo aman y obedecen sus mandatos.

DEUTERONOMIO 7:9 NTV

A lo largo de las Escrituras y de la historia podemos ver la fidelidad de Dios con su pueblo, con su Palabra y con su naturaleza. Incluso cuando las circunstancias son las más oscuras y las más imposibles, humanamente hablando es evidente la fidelidad de Dios al proteger a su pueblo, proveer para él, protegerlo, pelear por ellos, cumplir cada promesa que hizo.

En el libro de Deuteronomio leemos el resumen final que hizo Moisés de todo lo que les había sucedido a los hijos de Israel hasta ese momento. Estaban al límite de entrar finalmente a la Tierra Prometida, y Moisés no quería que olvidaran la fidelidad de Dios para con ellos, a pesar de sus muchas faltas y momentos de incredulidad.

Como Moisés, Jeremías también recordó al pueblo de Dios su gran fidelidad. En el primer capítulo del libro que lleva su nombre, leemos cómo Jeremías, también conocido como el profeta llorón, recibió su llamamiento del Señor. Dios le dijo que fuera al pueblo de Judá y le proclamara su mensaje. Le dijo a Jeremías que el pueblo no escucharía y que como resultado, le harían la vida imposible. No era una perspectiva alentadora para un profeta recién llamado.

La vida de Jeremías no fue fácil. Se burlaron de él, le ignoraron, le encarcelaron. ¡El mismo rey de Judá quemó el pergamino en el que escribió todas las palabras de Dios para su pueblo en los últimos días antes de su exilio a Babilonia, sección por sección! No hay duda de que se ganó el nombre del profeta llorón.

El libro de Lamentaciones es duro de leer, pues registra las razones de las lágrimas de Jeremías. El capítulo 3 hace una crónica de sus sentimientos por la destrucción de Jerusalén, a causa del pecado del pueblo. Pero en medio de su honesta apreciación de sus sentimientos, escribe: "Esto recapacitaré en mi corazón, por lo tanto esperaré. Por la misericordia de Jehová no hemos sido consumidos, porque nunca decayeron sus misericordias. Nuevas son cada mañana; grande es tu fidelidad. (Lamentaciones 3:21-23 RVR1960).

Cuando la vida sea más complicada, sigue el ejemplo de Moisés y de Jeremías, y busca las misericordias y la fidelidad de Dios en todo.

40. Formada en secreto

Porque tú formaste mis entrañas; Tú me hiciste en el vientre
de mi madre. Te alabaré; porque formidables, maravillosas
son tus obras; Estoy maravillado, Y mi alma lo sabe muy bien.
Salmo 139:13-14 rvr1960

¿Cuándo comienza la vida? Las Escrituras son claras: desde el momento de la concepción. El rey David declara aquí la maravilla y el milagro que es la vida humana. Cada individuo de toda raza, color y credo es precioso para nuestro Padre celestial, entretejido en el vientre con precisión y gracia.

Dios te conocía y tenía un plan para tu vida antes de que fueras incluso concebida. Qué asombroso pensar que el Creador y Dios del universo trazó tu vida antes de que fueras formada en el vientre de tu madre. En la creación de un ser humano se halla una inmensa inteligencia que involucra un pensamiento deliberado y complejidad. Aun así, la Biblia ha sido cuestionada y rebatida a lo largo de la historia.

La realidad permanece: los seres humanos poseen características complejas a niveles anatómicos, celulares y moleculares. Estas complejidades nunca podrían haberse desarrollado, sino que son el resultado de un diseño inteligente. Imagínate que observas las complejidades eléctricas de la lámpara de tu salón, por ejemplo. ¿Consideras por un momento que la lámpara sencillamente evolucionó? Ni por un segundo. De hecho, pensar tal cosa es absurdo. Ciertamente sabes que alguien construyó la lámpara de la que hoy disfrutas. Sin embargo, muchos incrédulos afirman que la vida ha evolucionado durante miles de millones de años, mientras desacreditan todas las declaraciones de la magnífica obra de nuestro Dios por medio de su divina creación: tú y yo.

El rey David lo sabía bien. Desde lo profundo de su ser alabó a Dios por sus maravillosas obras. Tú también estás admirable y maravillosamente creada a la propia imagen de Dios. Por tanto, celebra la vida.

41. Promesas preciosas

Su divino poder, al darnos el conocimiento de aquel
que nos llamó por su propia gloria y excelencia, nos ha
concedido todas las cosas que necesitamos para vivir como
Dios manda. Así Dios nos ha entregado sus preciosas y
magníficas promesas para que ustedes, luego de escapar
de la corrupción que hay en el mundo debido a los malos
deseos, lleguen a tener parte en la naturaleza divina.

2 PEDRO 1:3-4 NVI

Todo está ahí. Todo. Una nueva identidad. La pureza y el poder. La sabiduría y la fuerza. La verdad y la gracia. Él proporciona todo lo que necesitamos para llegar a ser como Jesús.

Algunos cristianos trabajan duro intentando ser buenos. Se esfuerzan por vivir bajo normas imposibles. Es un subidón para el orgullo cuando lo hacen bien y una vergüenza debilitadora cuando no lo hacen bien. Es como si creyeran que Jesús les salvó de su pasado, pero cuando aceptaron su regalo de salvación, ya les tocaba a ellos apañárselas solos desde ahí.

Esto no es lo que nos enseñan las Escrituras. Jesús no murió para salvar a sus escogidos y luego abandonarlos a su suerte, luchando por vivir una vida justa. Él limpia a su pueblo por medio de su sangre, y después se mueve dentro de ellos en la persona del Espíritu Santo para fortalecerlos para todo lo que desea de ellos.

La naturaleza misma de Dios se convierte en parte del creyente. Él proporciona su bondad y su gloria a sus hijos. Él los cubre, y crea una identidad completamente nueva y pura, una nueva creación, y para capacitar a su pueblo a fin de vivir de una forma nueva. Un modo parecido a Jesús.

El trabajo de los cristianos no consiste en procurar la perfección, sino en conseguir conocer a Jesús y recibir lo que ya nos ha dado. Cuando descubrimos quién es Jesús y lo que es importante para Él, nuestras perspectivas cambian. Deseamos ser más como Aquel que nos ama. Queremos devolverle a Él y a los demás el amor y la amabilidad que experimentamos. ¡Está ansioso por ayudarnos a hacerlo! La Biblia afirma que Dios nos da tanto el deseo como la voluntad de obedecerle. ¿No es liberador? El Espíritu de Dios nos cambia desde su posición dentro de nosotras. "El Señor, quien es el Espíritu, nos hace más y más parecidos a él a medida que somos transformados a su gloriosa imagen" (2 Corintios 3:18 NTV).

¡Bueno, es una *buena* noticia!

42. Justo a tiempo

*El Señor no tarda en cumplir su promesa, según
entienden algunos la tardanza. Más bien, él
tiene paciencia con ustedes, porque no quiere que
nadie perezca, sino que todos se arrepientan.*

2 Pedro 3:9 nvi

Somos personas impacientes, sobre todo en esta cultura de gratificación inmediata. Los restaurantes de comida rápida son negocios en auge. Las neveras dispensan hielo y agua a demanda. Los microondas cocinan verduras y cereales en una fracción del tiempo que tardarían en el horno. Los ordenadores y la Internet hacen las compras, se ocupan de los asuntos de banco y efectúan el pago de facturas online, de forma fácil y rápida. Podemos mantener el contacto con amigos a través de las redes sociales, y eliminar así la necesidad de las llamadas telefónicas o escribir cartas, o incluso correos electrónicos. Cada día sale una nueva tecnología que hace que los teléfonos, los ordenadores y otros chismes tecnológicos de ayer queden obsoletos casi tan pronto como se compran.

Así que cuando nos vemos obligados a esperar a que nos vea un doctor, a que llegue un bebé, en la fila de la tienda o del centro comercial, expresamos nuestra insatisfacción, si no es con palabras, con nuestras expresiones o con el lenguaje corporal.

Pedro habla sobre esta tendencia a la impaciencia en su segunda carta a los creyentes del siglo I, después de la ascensión de Cristo al cielo y del establecimiento de la iglesia. Aludió tanto a los incrédulos como a los creyentes, y preguntó: "Por tanto, ¿qué le ocurrió a la promesa de su venida? Nuestros antepasados están muertos y enterrados, y todo continúa como desde el primer día de la creación. Nada ha cambiado" (2 Pedro 3:4 MSG).

La respuesta de Pedro es similar a la respuesta de Isaías a los escépticos de su época: el tiempo de Dios no es el nuestro. No tenemos que comprenderlo, pues Él no piensa ni actúa como esperamos que lo haga. Sin embargo, está esperando con paciencia, porque no quiere que nadie perezca o pase la eternidad sin Él. Él nunca se demora en cumplir sus promesas. Su tiempo es impecable, puntual. Siempre. Si dijo que haría algo, lo hará. Su fidelidad es la clave de su carácter y caracteriza todo lo que hace.

43. Mantén un agarre firme

Por tanto, hagámoslo, con plena creencia y confianza de que somos presentables dentro y fuera. Mantengámonos aferrados con firmeza a las promesas que hacen seguir avanzando. Él siempre mantiene su palabra.
HEBREOS 10:22-23 MSG

Dios es fiel. Cuando hace algo, lo hace hasta por completo. Sin esforzarse a medias. Es completamente digno de confianza. Considera su plan para salvar a su pueblo a través de Jesús. Durante siglos se ofrecieron sacrificios para expiar los pecados de las personas. Pero Dios sabía que la sangre de los animales nunca salvaría. Él tenía un plan desde el principio para pagar la deuda de una vez por todas.

Pablo explica: "Como sacerdote, Cristo hizo un único sacrificio por los pecados, ¡y eso fue… un sacrificio perfecto por medio de una persona perfecta para perfeccionar a algunas personas muy imperfectas! Mediante esa única ofrenda, hizo todo lo que necesitaba que se hiciera" (Hebreos 10:11-18).

Dios estableció este plan porque anhelaba la intimidad con sus hijos. Él nos ama y ha trabajado fielmente a lo largo de la historia para restaurar nuestra relación con Él. La obra fiel de Dios es tan completa que los creyentes tienen ahora la libertad de acercarse a Él. "Por tanto, amigos, ahora podemos (sin duda) caminar hacia Dios, al 'lugar Santo'" (10:19).

¡Así que hagámoslo! ¡Vengamos con confianza a la presencia de Dios, asiéndonos a la fiel promesa de que nuestra presencia no solo es deseada, sino perfectamente aceptable! Cuando salga a flote nuestra fe en el mundo cotidiano, mantengámonos firmemente agarradas a *todas* las promesas de Dios. Si Él fue fiel en tomar nuestras imperfecciones y purificarlas, y así pudiéramos vivir para siempre en su presencia, sin dudar sacrificar a su propio Hijo, ¿acaso no será fiel en todas las cosas?

La vida pone ante nosotros muchos retos, y resulta fácil olvidar hasta dónde llegó Dios por nosotros. Sin embargo, aunque olvidemos, Él es fiel a su Palabra. No puede mentir. La próxima vez que sientas que tu fe se desliza, ¿por qué no te tomas una pausa para meditar en su compromiso extraordinario y completo contigo? Recuerda que te rescató por completo y te cambió, y después ¡agárrate con fuerza a sus promesas! "No somos unos cobardes perdedores. ¡Oh, no! No nos desanimamos, sino que sobrevivimos y confiamos hasta el final" (10:39).

44. ¡Bendícele por sus bendiciones!

Bendice, alma mía, a Jehová, y no olvides ninguno de sus beneficios. Él es quien perdona todas tus iniquidades, el que sana todas tus dolencias; el que rescata del hoyo tu vida, el que te corona de favores y misericordias; el que sacia de bien tu boca de modo que te rejuvenezcas como el águila.
SALMO 103:2-5 RVR1960

Es fácil olvidar las bendiciones de Dios. Él realizó poderosos milagros ante Faraón, liberó a su pueblo escogido de la esclavitud y de la tiranía de los falsos dioses y, sin embargo, tan pronto como fueron libres e iniciaron el camino hacia la Tierra Prometida, se olvidaron de Él y se quejaron a Moisés de su "insostenible" situación. Dios realizó poderosos milagros a través del profeta Elías; no obstante, días después, oró a Dios para que tomara su vida por miedo a los ejércitos de Jezabel (1 Reyes 18-19). Somos iguales. Dios nos demuestra repetidamente su misericordia y su amor, sin embargo, al primer signo de problema, tenemos amnesia espiritual. En lugar de alabarle, viajamos al hábito de gruñir y quejarnos.

El salmista nos indica aquí que bendigamos al Señor y que, mientras lo hacemos, recordemos lo que Él ha hecho por nosotros. Perdonó nuestro pecado; sanó nuestras enfermedades; redimió nuestras vidas del abismo; sigue extendiendo su misericordia y su protección hacia nosotros; y solo nos da aquello que es bueno, para que nuestra juventud se renueve como la del águila.

¿Pero qué significa esto? Los naturalistas explican que cuando un águila tiene cien años, muda todas sus plumas para que las nuevas vuelvan a crecer y ser joven de nuevo. ¡Imagínatelo! Igual que las bendiciones de Dios son nuevas cada mañana, nuestra juventud, vitalidad, fuerza, sustancia, salud, provisión, gracia, misericordia y amor estallan en nueva vida a través de nuestra relación con Jesucristo. Él ha prometido bendecirnos si le seguimos a Él y su Palabra.

Si te estás agitando como un pájaro en vuelo, aférrate a este versículo y reclámalo como propio. Le perteneces a Dios, y Él no te abandonará. No olvides lo que ha hecho por ti en el pasado; incluso tiene más bendiciones guardadas para ti, independientemente de cómo se vean las circunstancias ahora. Comienza a bendecir y a alabar a Dios.

45. Imperfecciones hechas perfectas

*Jehová cumplirá su propósito en mí; Tu misericordia, oh
Jehová, es para siempre; No desampares la obra de tus manos.*
SALMO 138:8 RVR1960

Te esfuerzas, pero no lo logras; trabajas, pero fallas;
amas, pero ese amor está dañado con golpes y ras-
guños de conflictos no resueltos o expectativas insa-
tisfechas. Quieres hacer lo correcto, pero a menudo
haces lo que está mal. ¿Por qué es así? Porque somos
seres humanos defectuosos.

Sin embargo, este versículo nos dice que el Señor perfeccionará nuestras imperfecciones. Cuando
venimos a Cristo, somos nuevas criaturas, como nos
enseñan las Escrituras. Las cosas viejas pasaron y
todo se convierte en nuevo. Nuestro viaje con Él comienza cuando cambia nuestros corazones, nuestros
deseos, nuestra perspectiva y nuestro carácter.

El apóstol Pablo declaró que estaba confiado en
que Aquel que comenzó la buena obra en él, la com-
pletaría (Filipenses 1:6). Él perfecciona nuestras imperfecciones por medio del poder del Espíritu Santo
que obra en nuestro interior. Somos la artesanía de
Dios, su obra maestra, hechas a su imagen y forma-
das por sus manos. Nada de lo que hacemos desde el
momento de la salvación en adelante, pasa desaper-
cibido para nuestro Padre omnipotente.

Dios utiliza cada prueba y adversidad para mol-
dearte a su imagen y hacer de ti la persona que Él
diseñó desde antes del principio de los tiempos. Dios

usó a Moisés, un hombre con tartamudez, para liberar a los israelitas de la esclavitud. Usó a Gedeón, "el menor de la casa de su padre" por medio de su propia admisión, para conquistar a los medianitas. Usó a María, una joven virgen, para que fuera la madre del Salvador. Él "perfeccionó" aquello que afectaba a estos santos de la antigüedad y a muchos más. También hace lo mismo contigo. Toma tus debilidades y las convierte en fortalezas. Él "perfecciona" lo imperfecto.

46. Nunca desamparada

Fui joven, soy ya viejo, pero nunca vi a un justo
abandonado ni a sus hijos pidiendo pan.
SALMO 37:25 BLP

David hablaba desde su posición de experiencia y de conocimiento, desde la vida vivida. Cuando estaba a las puertas de la eternidad, su observación del mundo se amplió. Lo consideró todo, y pudo afirmar con certeza que nunca había visto al pueblo de Dios en un estado de empobrecimiento.

Lo mismo ocurre hoy día. ¿Cuántas veces has oído una historia sobre cómo Dios atendió la necesidad de alguien justo a tiempo? Tal vez era lo poco que les quedaba para comer, su último dólar, y no tenían ningún sitio donde acudir. Pero Dios apareció.

En los tiempos bíblicos, los israelitas eran ricos y pobres, pero ninguno era demasiado pobre. Las expectativas sociales en aquel tiempo eran dar sin interés a aquellos que lo necesitaban. El año de jubileo (cada siete años), era el momento en el que se remitían todas las deudas y las tierras hipotecadas volvían a sus propietarios originales o a sus familias. Mendigar era raro, si no totalmente imposible.

La historia de Noemí y Rut confirma esta verdad. Mostrando una clara falta de confianza en la capacidad de Dios de proveer en un momento de hambruna, Noemí y su esposo dejaron Belén y se trasladaron a Moab con sus dos hijos pequeños. Años más tarde, Noemí regresó a su casa, viuda y sin hijos, solo con una de sus nueras. Una vez que se asentaron, Rut preguntó a Noemí si podía espigar en los campos por la comida que tan desesperadamente necesitaban. Entonces Rut se "encontró" con el campo de Booz y se detuvo a espigar detrás de sus segadores (Rut 2:3). Booz, uno de los parientes del esposo fallecido de Rut, se enteró de quién era ella, y dispuso para que sus segadores dejaran más de lo habitual para que ella lo cosechara. Más tarde, Booz y Rut se casaron, proporcionando al mismo tiempo un hogar a Noemí (4:14-15), y ella alabó a Dios por cumplir su promesa de suplir cada necesidad.

Tal vez estás luchando para pagar una factura, comprar comida, o llenar el tanque de gasolina. Si es así, comienza a adherirte a este versículo y a orar. Dios no abandonará a los que le pertenecen. Quién sabe a quiénes usará para bendecirte, o qué circunstancias orquestará para cambiar la situación. Es posible que no consigas todo lo que quieres, pero él prometió cubrir cada necesidad.

47. Él está contigo hasta el fin de los siglos

*Por tanto, vayan y hagan discípulos de todas las
naciones, bautizándolos en el nombre del Padre y del
Hijo y del Espíritu Santo, enseñándoles a obedecer
todo lo que les he mandado a ustedes. Y les aseguro que
estaré con ustedes siempre, hasta el fin del mundo.*
MATEO 28:19-20 NVI

La mayoría de los cristianos reconocen estos versículos como la Gran Comisión, la tarea que Jesús encomendó a todos sus seguidores justo antes de regresar al cielo, tras su resurrección. Pero es algo más que el último mandamiento que les dejó a sus discípulos. Contiene, además, una maravillosa promesa.

Cuando el amor por nuestro Salvador crece, también lo hace nuestro deseo de hacer todo lo que nos pide. La mayoría de las iglesias que creen en la Biblia tienen misioneros a los que apoyan y por los que oran de forma regular. Lo ven como hacer su parte en el cumplimiento de la Gran Comisión. Pero este mandamiento está dirigido a cada una de nosotras de forma individual, no necesariamente de forma corporativa.

Aunque lo segundo es, ciertamente, parte de ello, cada una de nosotras debemos ir y hacer todo cuanto podamos para cumplir este mandamiento.

Lucas, el escritor del libro de Hechos, también registró el último mandamiento a sus discípulos: Id, haced discípulos, primero en Jerusalén. Luego en

Judea, Samaria y finalmente en todo el mundo. Aunque Dios no nos llama a todas a misiones extranjeras, él espera que seamos sus testigos en cualquier sitio que vivamos, en tu "Jerusalén". Ninguna se exime. Pero es ahí donde entra la promesa.

¿La ves? Mateo cita a Jesús cuando dice: "Estaré con ustedes siempre". Lucas le da un pequeño giro: "Después de que el Espíritu Santo haya venido sobre vosotros". Cuando Jesús ascendió a los cielos, prometió enviar al Espíritu Santo para que habitara en cada creyente. Eso sucedió en el día de Pentecostés; hoy, el Espíritu Santo habita en nosotras desde el momento en que recibimos la salvación solo en Jesucristo (1 Corintios 12:13; Romanos 8:9; Efesios 1:13-14). Dios está literalmente con nosotras allá donde vamos.

Al habitar Dios en nuestro interior y acompañarnos dondequiera que vamos, cumplir el mandamiento de estos dos pasajes es factible. Tenemos su poder y su presencia para aprovecharlos mientras vivimos una vida que le agrade. Él nunca nos encomienda una tarea que debamos cumplir por nuestra cuenta. Siempre está con nosotras, nos guía, nos ayuda y nos anima.

48. No te dejará hasta que sus promesas estén cumplidas

Yo estoy contigo. Te protegeré por dondequiera que vayas,
y te traeré de vuelta a esta tierra. No te abandonaré
hasta cumplir con todo lo que te he prometido.
GÉNESIS 28:15 NVI

Cuando Rebeca concibió, pronto supo que en su seno había gemelos. El Señor le dijo que dos naciones nacerían de ella, y el periodo de gestación en su vientre no era más que principio de cientos y miles de años de conflictos. También le comunicó que el mayor serviría al menor.

Cuando nacieron las criaturas, Esaú llegó primero al mundo, fuerte y rojizo; le siguió Jacob, agarrado al talón de Esaú. Conforme crecieron, cada uno tuvo sus propios intereses en la vida muy distintos entre sí.

A continuación, Esaú le vendió a Jacob su derecho de primogenitura a cambio de un plato de guiso: estaba muerto de hambre. No mucho después, Isaac sintió que moriría pronto, así que mandó a Esaú a cazar algún animal salvaje para su cena, y le informó de que le daría la bendición del primogénito cuando regresara con la comida que él estaba ansiando. Poco dispuestos a esperar el tiempo de Dios, Jacob y Rebeca planearon obtener la bendición para Jacob.

Isaac fue engañado y bendijo a Jacob con todos los derechos del primogénito y las promesas del pacto dadas a Abraham y a Isaac. Cuando Esaú regresó, descubrió el engaño de su hermano.

Por la ira de Esaú, Jacob tuvo que huir y se marchó y buscó cobijo en la familia de Rebeca. Una noche, el Señor vino a Jacob en un sueño y le aseguró que él era heredero de Isaac, y que las promesas del pacto hechas a Abraham eran suyas. Fue entonces cuando se produce la promesa registrada en Génesis 28:15.

Cuando Jacob se despertó a la mañana siguiente, construyó un altar para el Señor antes de reanudar su viaje. Años después, Dios volvió a traer a Jacob a la tierra prometida a Abraham, Isaac y Jacob. Ahora tenía una gran familia y mucha riqueza. Rebeca había fallecido, pero Isaac aún vivía, y Esaú había olvidado su enojo con madurez, y con una gran familia propia.

Dios permaneció con Jacob el resto de su vida. Cumplió en su fidelidad cada promesa que le hizo a Jacob aquella noche, y cuando regresó a su tierra, Betel fue uno de los primeros lugares que visitó para darle las gracias al Señor por su fidelidad al cumplir todas sus promesas.

49. Gozo en su presencia

Me mostrarás la senda de la vida; En tu presencia hay
plenitud de gozo; Delicias a tu diestra para siempre.
SALMO 16:11 RVR1960

¿Has conocido alguna vez a alguien que emanaba tal gozo que llenaba la habitación? Un gozo que no se basa en las circunstancias, en las emociones, o en las personas. Un gozo que viene de conocer a Jesucristo y su gracia. Ese es el tipo de persona que todo el mundo quiere tener alrededor.

El gozo al que el salmista se refiere en este versículo supera al que cualquier persona haya experimentado, o experimentará jamás, en esta tierra imperfecta. Y la Persona que propaga este gozo no solo llena una habitación sino el universo entero con el resplandor de su presencia, de su poder y de su amor ilimitados e interminables. Pablo habla de este gozo en su carta a los filipenses.

En la presencia de Dios hay plenitud de gozo. Imagina el gozo elevado a la máxima potencia, al punto de la realización total y la perfecta satisfacción. Este tipo de gozo solo puede proceder del creador y dador del gozo. En la tierra solo experimentamos una medida de felicidad, del mismo modo que Dios nos proporciona una medida de fe. Sin embargo, en nuestro hogar eterno hay "un gozo indescriptible y glorioso", como declara el antiguo himno.

Jesús se sienta a la diestra del Padre en gloria. A lo largo de las Escrituras, la "diestra" denota el lugar de honor supremo. A la diestra del Padre está el mismo Jesucristo, el autor y consumador de nuestra fe y la fuente de todo gozo, placer y felicidad.

La felicidad humana es efímera. Experimentamos momentos de felicidad y periodos de gozo, pero todos son limitados. Sin embargo, este versículo, nos da un destello del gozo y los placeres que llegarán en nuestro hogar eternos con Cristo. El gozo terrenal se desvanece, mientras que el gozo de Dios es eterno y para siempre.

"Es un gozo indescriptible, del que no se ha contado ni la mitad".*

---

* Barney Elliott Warren, Joy Unspeakable [Gozo inefable], 1900. De dominio público. Traducción literal al español del himno en inglés.

50. Lo que promete, lo cumple

Dios no es un hombre, por lo tanto, no miente. Él no es humano, por lo tanto, no cambia de parecer. ¿Acaso alguna vez habló sin actuar? ¿Alguna vez prometió sin cumplir?
NÚMEROS 23:19 NTV

Dios no puede mentir. De hecho, es imposible que lo haga (Hebreos 6:18). Para Dios, mentir es una contradicción de su naturaleza y voluntad divina. Su Palabra y sus promesas son inalterables, del mismo modo que su naturaleza divina es inmutable. Sus promesas son el resultado de su propósito eterno e inalterable.

En un juzgado, los testigos pueden jurar sobre la Biblia antes de subir al estrado, comprometiéndose a "decir la verdad, toda la verdad y nada más que la verdad". Y la cuestión queda zanjada. Hacer el juramento sobre la Palabra de Dios es comprometerse a decir la verdad sobre los cimientos de toda la verdad, las Sagradas Escrituras.

Los seres humanos cambian de opinión constantemente. De lo que prometemos un día, renegamos al día siguiente. Eso forma parte de la naturaleza humana. Somos imperfectas, mientras que Dios, en su perfección, no muestra variabilidad ni sombra de cambio (Santiago 1:17).

En este versículo, el profeta Balaam le recuerda a Balac, rey de Moab, esta verdad inmutable: las promesas y los decretos de Dios son inalterables y sagrados. En este contexto del versículo, Balaam informa a Balac (quien había contratado a Balaam para maldecir a los hijos de Israel) que una vez que Dios bendice, nada ni nadie puede revertirlo. Dios bendijo a Israel con su presencia, y nada de lo que se le ocurriera a Balac para destruir la nación prosperaría.

¿Una oración no contestada hace que te cuestiones la fidelidad de Dios? ¿Te hace dudar de si puedes creer en su Palabra? No te preguntes más. Lo que promete, lo cumple. Y esa es la verdad.

Dios no ha prometido que los cielos serán siempre azules,
que los caminos serán siempre de rosa, toda nuestra vida;
Dios no ha prometido el sol sin la lluvia,
el gozo sin tristeza, la paz sin el dolor.

Pero Dios ha prometido fuerza para cada día,
descanso del trabajo, luz para el camino,
gracia para las pruebas, ayuda de lo alto,
compasión infinita, amor inagotable.

Annie Johnson Flint

51. Da descanso

Luego dijo Jesús: "Vengan a mí todos los que están cansados
y llevan cargas pesadas, y yo les daré descanso".
MATEO 11:28 NTV

En una ocasión, un predicador comentó que la cosa
más espiritual que podía hacer era dormir las horas
suficientes cada noche. En este pasaje, Jesús se está
refiriendo a un tipo de descanso diferente. Los fariseos ponían cargas pesadas de la vida religiosa sobre
las personas. La lista de normas era extensa y difícil.
Jesús es un tipo de maestro diferente. En lugar de
imponer su voluntad, lleva el peso de la carga y después camina al lado de su pueblo a cada paso.

Él ofrece: "Déjenme enseñarles, porque yo soy
humilde y tierno de corazón, y encontrarán descanso
para el alma... la carga que les doy es liviana" (Mateo
11:29-30 NTV).

Jesús no presentó al mundo una religión nueva;
Él ofrece una relación con Dios, una relación en la
que nos fortalece para todo lo que pide de nosotras.
Estemos luchando por vivir bien, o por aferrarnos a
nuestra fe, o por hallar gozo en los actos de servicio,
Él nunca nos pide que luchemos solas. Él *siempre*
ofrece su fuerte espalda para nuestras cargas.

Jesús comprende que necesitamos todo tipo de
descanso. Sí, necesitamos descanso espiritual del
cuerpo de pecado que Él vino a rescatar, pero también necesitamos descanso físico y descanso emocional. El predicador que hablaba acerca de dormir

tenía razón. Si le exigimos demasiado a nuestro cuerpo humano, incluso en el servicio a Dios, ¡se agotará!

Nuestro amoroso Jesús nos ofrece los ritmos naturales de la gracia. Ellos incluyen periodos de descanso físico y emocional. Después de largas temporadas de prueba o servicio, a menudo nos invita al descanso sanador. A veces necesitamos semanas o incluso meses apartadas de la batalla para refrescarnos. Resistirse a la invitación de descansar solo prolonga el proceso sanador.

Jesús no es un tirano. Es un Señor amoroso que se preocupa por aquellos a los que llama. La versión *The Message* traduce Mateo 11:28 de este modo: "¿Estáis cansados? ¿Agotados? ¿Quemados de la religión? Venid a mí. Vente conmigo y recuperarás tu vida. te mostraré cómo tener un descanso real. Camina y trabaja conmigo; observa cómo lo hago. Aprende los ritmos naturales de la gracia. Mantente en compañía conmigo y aprenderás a vivir libremente y en la luz".

52. La batalla es del Señor

"¡No tengan miedo! No se desalienten por este poderoso ejército, porque la batalla no es de ustedes sino de Dios".
2 Crónicas 20:15 NTV

La vida es una batalla, y necesitamos tener un buen equipo de protección para luchar. Afortunadamente, el Señor equipa a cada creyente con toda la armadura de Dios para resistir los ataques del enemigo (Efesios 6:13). ¿Pero has sentido alguna vez que tu batalla es tan intensa, tan continua, que no hay armadura ni cantidad de munición suficiente para ganarla?

A lo largo de las Escrituras, Dios instruye a su pueblo: "No tengas miedo", o "Sé fuerte y valiente", o "No tengas miedo de ellos". El motivo es claro. Dios estaba con ellos. A pesar de las sombrías perspectivas o de la multitud de enemigos que rodeaban a las filas de Dios, el Señor siempre acababa peleando por ellos y les daba la victoria.

Este fue el caso de esta porción de la Escritura. Los moabitas y los amonitas estaban en una acalorada persecución contra la nación de Judá. Cuando Josafat oyó que grandes ejércitos se dirigían hacia allí para destruir a los israelitas, oró y llamó al ayuno. Admitió ante Dios: "Porque en nosotros no hay fuerza contra tan grande multitud que viene contra nosotros" (2 Crónicas 20:12 RVR1960).

¿Alguna vez te has sentido de ese modo? Aplastada entre una roca virtual y un lugar difícil, es posible que te hayas sentido indefensa. Hiciste todo lo que sabías hacer y no pudiste hacer más. Pero en este mismo versículo, el confuso rey confesó: "¡No sabemos qué hacer! ¡En ti hemos puesto nuestra esperanza!" (NVI). Ese fue el principio de ganar la guerra. Colocó a Josafat y a los israelitas en segundo plano, y a Dios en primera línea de batalla.

Dios fue, y es, la respuesta. Las espadas fabricadas por el hombre son inermes contra los ataques del enemigo. En el momento que reconocemos que la batalla que enfrentamos no es nuestra sino de Dios, es cuando comenzamos a recuperar terreno y ganar.

Dios indicó a los israelitas que no tendrían que luchar contra los moabitas y los amonitas. En el versículo 17 les ordenó que simplemente alabaran a Dios y que "estuvieran quietos, y vieran la salvación de Jehová" (RVR1960). Ellos hicieron justo aquello, y sus enemigos se destruyeron unos a otros.

¿Estás en la batalla? Mantente firme, y con alabanza en tus labios y fe en tu corazón; recuerda, esta lucha no es tuya; la batalla es de del Señor.

53. A sus ovejas no les falta nada

El Señor es mi pastor, nada me falta.
Salmo 23:1 nvi

¿Has sido capaz de decir alguna vez: "No necesito nada"? Si esto es así, eres una entre pocas. Sin embargo, es lo que indica el salmista David en este versículo. A pesar de ser un rey, y gozar indudablemente de los beneficios de esa elevada posición, también era humano. Y los seres humanos tienen necesidades. Entonces, ¿cuál era su secreto?

David no siempre perteneció a la realeza. De hecho, lo cierto es lo contrario. Cuando era un joven pastor, pronto entendió el papel y el propósito del pastoreo. Desde el principio, David confió en el Señor. En el momento de este escrito, ya había capeado muchas tormentas y sus años de experiencia le enseñaron que Dios aparecería a pesar de las circunstancias. David contaba con Aquel que había suplido cada provisión necesaria a lo largo de su vida.

A través de los momentos difíciles, de los momentos buenos, de los momentos de gran pena y de los momentos de gozo, el Señor cuidó de David como un pastor cuida de sus ovejas. Por tanto, con confianza y seguridad, el anciano rey testificó que no tenía necesidad alguna porque el Señor estaba con él, guiando y dirigiendo su camino.

Uno de los muchos nombres de Dios es Jehová-Jireh (Yahweh-yireh), que significa "Dios proveerá". El nombre tiene su propio origen en la tierra de

Moriah donde Dios le pidió a Abraham que ofreciera a su hijo Isaac como sacrificio. Cuando el Señor proveyó un carnero para que Abraham lo ofreciera en lugar de su hijo, el anciano patriarca llamó a aquel lugar Jehová-Jireh; Dios el proveedor (Génesis 22:14).

Este versículo sirve para recordarnos continuamente que tenemos todo cuanto necesitamos, porque Cristo es el Pastor de nuestras almas. Cuando la economía es escasa, Dios provee. Cuando vienen los problemas, Dios abre una vía de escape. Cuando la enfermedad ataca, Dios fortalece y sana. Cualquiera que sea nuestra necesidad, nuestro Dios provee según sus riquezas en gloria en Cristo Jesús. Tenemos todo lo que necesitamos gracias a Cristo.

54. Nuestro Sanador

Oh Señor, mi Dios, clamé a ti por ayuda,
y me devolviste la salud.
SALMO 30:2 NTV

Dios sana. Es más, Él es el autor de toda sanidad. En este versículo, David sufría de una enfermedad, aunque se desconoce la forma exacta de la misma. Algunos indican que, cualquiera que fuese la dolencia, era peligrosa, tanto es así que David anticipaba su muerte. Sin embargo, después de una ferviente oración, Dios lo sanó.

La dolencia y la enfermedad no nos resultan extrañas. Los santos de la antigüedad nos sirven de gráficas ilustraciones de la intervención divina. La Palabra de Dios nunca cambia y es tan relevante hoy como lo fue hace miles de años. ¿Pero sana Dios siempre? A menudo no de la forma que nos gustaría. Pero Él obra por medio de cada dolor y prueba para producir su divina voluntad en nuestras vidas.

A veces Dios sana a través de un tratamiento médico efectivo, o por medio de una mejora gradual de la salud y el bienestar. Por ejemplo, a Terry le diagnosticaron una forma de distonía, o desórdenes del movimiento. Los movimientos descontrolados causaban dolor y disminuían su calidad de vida. Ella recibió tratamientos médicos que la ayudaron, pero aún sufría a diario. Terry, una devota cristiana, sabía que su fuente no solo era la medicina. Ella pidió al Señor que la sanara, y cuatro años después, su médico se asombró al ver su enorme mejoría, que iba más allá de lo que su tratamiento médico podía lograr. "¡Es casi milagroso!" exclamó el doctor durante una de las visitas de Terry al consultorio. Sin embargo, médicamente Terry aún padecía aquel desorden. Entonces, ¿la sanó Dios? Terry diría definitivamente que sí.

A veces Dios sana de forma inmediata; otras veces, por razones desconocidas para nosotras, sana de forma gradual con el paso del tiempo. A pesar de todo, el Señor es el autor de la sanidad.

Sin embargo, la sanidad física es solo una forma de sanidad de Dios, pues la sanidad se presenta en diferentes formas. También necesitamos sanidad emocional y espiritual. ¿Sufres de ansiedad o depresión? ¿Hay asuntos con los que luchas o llevas cargas innecesarias? Dios es tu sanador.

David buscó a Dios, y Él lo sanó. Ese es el mensaje de este versículo. Cuando el problema nos asola, nos vemos movidas a elevar el tipo de oración que mueve la mano de Dios, nuestro Sanador.

55. Deléitate en Él y seguirán las bendiciones

Deléitate en el Señor, y él te concederá los deseos de tu corazón.
Salmo 37:4 nvi

¿Cuál es tu mayor fuente de contentamiento y gozo? ¿De quién o de qué proviene tu felicidad? Aquí, las Escrituras nos indican que nos deleitemos en el Señor. Y con esa indicación viene una promesa: Él te concederá los deseos de tu corazón.

Para muchas de nosotras, nuestra fuente de gozo varía y nuestra felicidad tiende a ser efímera. Por ejemplo, compras un coche nuevo y te sientes pletórica de camino a casa… pero entonces tienes que hacer el primer pago. ¿O qué sucede cuando tu bebé sonríe por primera vez? El gozo estalla como una banda de música que anuncia la entrada de la realeza. Pero pronto descubres que con tu precioso infante vienen también responsabilidades importantes y las noches en vela. O tal vez hayas hecho dieta durante meses para perder cinco kilos. ¡Una mañana la balanza te saluda con buenas noticias y estás eufórica! Pero después de consumir unos cuantos postres de celebración, los kilos vuelven a aumentar.

La felicidad es efímera. En lugar de que el gozo provenga de los acontecimientos terrenales o de las personas, Dios quiere que obtengamos nuestra felicidad y contentamiento de Él. Cuando lo hacemos, a esto le siguen las bendiciones. El término "deseos de tu corazón" procede de la palabra hebrea *mishaloth*, que significa demandas, peticiones. En otras palabras, si pedimos a la Fuente de gozo nuestra felicidad, bienestar y contentamiento, Él responderá y nos bendecirá con un "gozo inefable y glorioso".

Alabad a Dios, de quien fluyen todas las bendiciones;
Alabadle, todas las criaturas aquí abajo;
Alabadle arriba, huestes celestiales;
Alabad al Padre, al Hijo y al Espíritu Santo.

56. No puedes superar a Dios

*"Dad, y se os dará; medida buena, apretada, remecida
y rebosando darán en vuestro regazo; porque con la
misma medida con que medís, os volverán a medir".*
Lucas 6:38 rvr 1960

RG LeTourneau, inventor y fabricante de maquina-
ria para el movimiento de tierra, era un asombroso
hombre de Dios. Se comprometió a dar el diezmo
de sus ingresos al Señor cuando era muy joven, incluso cuando sus compañías fracasaban y le dejaban
una enorme deuda de pago. Cuando le comunicó a
su contable, enviado por la empresa de garantía, que
había destinado cinco mil dólares al fondo de misiones de su iglesia, el hombre se quedó atónito y
le dijo a RG que era la cosa más irresponsable que
había oído nunca de un hombre que arrastraba cien
mil dólares de deuda. Pero aquel año RG determinó
hacer lo que le había prometido a su socio empresa-
rial, Dios, y cuando honró al Señor con sus finanzas,
el Señor le honró a él.

Una vez que RG comenzó a fabricar su maqui-
naria para mover la tierra como negocio a tiempo
completo, en lugar de una compañía de construcción
secundaria a su camino, nunca más volvió a caer en
deudas. Comenzar su nuevo negocio (Dios aún era
su socio) al principio de la Gran Depresión no tenía
sentido en el pensamiento humano, pero en tan solo
unos pocos años pagó sus deudas y comenzó a hacer
dinero a una velocidad sorprendente. Pronto estaba

diezmando el noventa por ciento al Señor, guardando solo el diez por ciento para sus propias necesidades. Él decía: "No se trata de cuánto de mi dinero doy a Dios, sino de cuánto del dinero de Dios guardo para mí". RG y su esposa, Evelyn, comenzaron la Fundación LeTourneau para administrar las generosas donaciones, aparte de su noventa por ciento, para varias organizaciones e instituciones cristianas. Y Dios continuó prosperando a RG hasta que falleció en 1969, a la edad de ochenta y nueve años.

Aunque no todo el mundo está dotado del don espiritual de dar o de la hospitalidad, todos los creyentes son retados a ser fieles administradores de lo que el Señor les ha dado. Independientemente de cuál sea nuestra situación en la vida (si tenemos unos ingresos bajos, medios o altos), cuando somos obedientes a la exhortación que Jesús dio a sus discípulos, Dios promete dar a cambio mucho más de lo que damos: "apretada, remecida y rebosando".

57. Dios provee todo lo que necesitamos

*Mi Dios, pues, suplirá todo lo que os falta conforme
a sus riquezas en gloria en Cristo Jesús.*
FILIPENSES 4:19 RVR1960

Todo; qué pequeña palabra, plena de un enorme significado. Es posible que hayas oído esta cita: "Todo significa todo, y eso es todo, lo que todo significa".

Dentro del contexto de la carta a los Filipenses, Pablo estaba agradeciendo a la iglesia filipense que hubiera cuidado tanto de él a lo largo de los años, pero estaba especialmente agradecido por el último regalo que le habían enviado a la prisión de Roma. No era tanto el tamaño del regalo como el amor y el cuidado subyacente. Enviaron su regalo con uno de los suyos, Epafrodito. Pero una vez que llegó a Roma y entregó el regalo a Pablo en prisión, Epafrodito se puso enfermo (ver el capítulo 2). Pablo dice que era una enfermedad mortal. Sin embargo, una vez que se recuperó, Pablo lo volvió a enviar a Filipo con la carta que había escrito, en parte como agradecimiento.

La gratitud de Pablo reconocía que era consciente de que las personas de la iglesia no eran ricas, por lo que realmente le habían dado de lo que ellos mismos necesitaban. Debido a su generosidad, Pablo sabía que Dios supliría todas sus necesidades conforme a las riquezas que tenían en Cristo Jesús.

En contexto, la mayoría de los eruditos bíblicos están de acuerdo en que Pablo se refería a que el Señor proveería por todas sus necesidades físicas, del mismo modo que había sanado a Epafrodito para que pudiera regresar a la iglesia allá en Filipo. Pero esa pequeña palabra *todo* abarca mucho más. No es accidental que Pablo redactara la frase de esta forma.

Cuando somos generosas con nuestro tiempo, nuestro dinero (todos los recursos con los que el Señor nos ha bendecido), Él se asegura de que somos provistas, física, espiritual, emocional y mentalmente. En todos los sentidos, en cada necesidad. Lo único que necesitamos hacer es pedirle que cumpla su promesa. Y Él lo hará, a su tiempo, de las riquezas que tiene almacenadas para nosotras en Cristo Jesús.

58. Seremos como Él

Amados, ahora somos hijos de Dios, y aún no se
ha manifestado lo que hemos de ser; pero sabemos
que cuando él se manifieste, seremos semejantes
a él, porque le veremos tal como él es.

1 JUAN 3:2 RVR1960

Probablemente hayas oído decir que cuanto más largo es un matrimonio, más se parecen el uno al otro. La verdad del asunto es que nos volvemos como aquellos con los que pasamos tiempo.

En las Escrituras leemos varias veces que el propósito principal de Dios para nosotras es que seamos conformadas a la imagen de su Hijo, Jesucristo (Romanos 8:28-29). Dios no llegó con su plan de salvación para redimirnos tan solo del dominio del enemigo sobre nosotras. Su plan es mucho mayor. Parte de él incluye llegar a ser tan parecidas a Cristo que le reflejemos allá donde vayamos.

Pablo indicó en Filipenses 3 que su único deseo era conocer a Cristo, la participación de sus padecimientos y el poder de su resurrección. Comprendió que ser conformado a la imagen del Hijo de Dios significaba que debemos participar de sus padecimientos además de participar de su gloria. No se pueden separar. Pero Pablo continuó diciendo que aún no había alcanzado la perfección. En otras palabras, al estar faltas del cielo, hasta que no nos despojamos de la presencia del pecado en nuestra vida, no podemos expresar de forma plena todo lo que es Jesús. Pero

Juan, el apóstol que vivió más tiempo, escribió en su epístola que cuando Jesús aparezca para llevarnos a casa, al cielo, entonces seremos como Él, porque le veremos tal como Él es, verdadera y perfectamente (1 Juan 3:2). Ya no tendremos la vieja naturaleza y seremos capaces de reflejar a Jesús perfectamente y en cada aspecto.

Pablo entendió esta verdad, pero esto no evitó que luchara por esa meta aquí en la tierra. Sabiendo que la promesa se cumplirá completamente en el cielo, seguimos el ejemplo de Pablo y luchamos para dar a los demás un destello de nuestro precioso Salvador en nuestras vidas cada día.

59. Confía en Dios y Él te guiará

Fíate de Jehová de todo tu corazón, y no te apoyes
en tu propia prudencia. Reconócelo en todos tus
caminos, y él enderezará tus veredas.
PROVERBIOS 3:5-6 RVR1960

¿Te ha dicho alguien alguna vez "¡Confía en mí! Sé que este es el camino correcto"? O "¡Confía en mí. Todo irá bien!". No obstante, sabes que confiar en la persona es arriesgado, tal vez incluso peligroso. Aun así, no tienes motivo alguno para no confiar en ellos en esa situación particular. Pronto, si te hartas demasiado a menudo de los "confía en mí" de tus amigos, aprendes a no confiar en la palabra de tus amigos en nada.

Por otra parte, todas conocemos a quienes son dignos de confianza en todo cuanto dicen o hacen. Si aseguran que harán algo, lo hacen. Si afirman conocer la dirección a algún sitio, te conducen al lugar exacto. Pronto aprendes a confiar en ellos de forma implícita, y nunca hay motivo para dudar de su palabra en nada.

Dios es así. Él lo sabe todo de ti, porque es omnisciente (lo sabe todo). No hay nada que no pueda hacer, independientemente de lo difícil que parezca la tarea que tienes por delante, porque es omnipotente (todopoderoso). Él va delante de ti en cada circunstancia de la vida, en cada pensamiento, en cada motivo, en cada lugar donde vas, porque Él es omnipresente.

Salomón le escribió estas palabras de sabiduría a su hijo: "Confía en Dios desde lo más profundo de tu corazón; no trates de averiguarlo todo por su cuenta" (Proverbios 3:5 MSG).

60. Él dirige

Aunque el Señor te dio a comer adversidad y a beber
sufrimiento, él seguirá contigo a fin de enseñarte; verás a tu
maestro con tus propios ojos. Tus oídos lo escucharán.
Detrás de ti, una voz dirá: "Este es el camino por el
que debes ir", ya sea a la derecha o a la izquierda.
ISAÍAS 30:20-21 NTV

"¿Cómo puedo saber cuál es la voluntad de Dios para mi vida?".

Las personas de todas las edades se hacen esta pregunta.

La respuesta simple es escuchar su voz. En la mayoría de los casos le oímos responder a través de los versículos que el Espíritu Santo trae a nuestra mente, o por medio de la letra de una canción, o por medio de un consejo en una predicación, un libro, o una conversación.

Elías, después de su gran victoria sobre los profetas de Baal, huyó cuando la reina Jezabel amenazó con matarlo por sus audaces acciones, llenas de Dios. Cuando Dios "atrapó" a Elías le preguntó por qué estaba sentado debajo de un cedro en medio del desierto. Elías le respondió que su vida estaba acabada, terminada. Estaba cansado de ser el único que se preocupaba por servir a Dios. Él podía tomar su vida y hacerle un favor a ambos.

Dios envió a un ángel para ministrar a Elías, para restaurar su fuerza por medio de la comida y el descanso, y luego lo envió de viaje a la montaña de Dios, el monte Horeb. Dios indicó a Elías que se mantuviera en la montaña y luego envió un fuerte viento, lo suficientemente fuerte para romper las rocas en pedazos. Pero el Señor no estaba en el viento. Entonces envió un fuerte terremoto, pero el Señor tampoco estaba en él. Luego un fuego, pero el Señor tampoco estaba allí. Finalmente, habló en un susurro tranquilo, y Elías se envolvió en un manto y salió de la cueva donde se había refugiado para escuchar.

Dios dijo: "Aún no he acabado contigo". Después de describir varias tareas que tenía todavía para él, Dios indicó: "A propósito, no estás solo defendiéndome. Existen otros siete mil en Israel que nunca han postrado sus rodillas ante Baal o le ha adorado" (ver 1 Reyes 19).

Conocer la voluntad de Dios cada día, intentar calmar tu espíritu para oír cómo te habla su Espíritu, dirigir cada paso que tomes. Apaga tu teléfono. Apaga tu ordenador. Apaga la televisión y la radio. Siéntate delante de Dios, o aún mejor, arrodíllate ante Él. Pídele que te guíe como ha prometido. Y escucha. Él le hablará al corazón que le busca de verdad por encima de todo lo demás.

61. Nuestra morada

El que habita al abrigo del Altísimo morará
bajo la sombra del Omnipotente.
SALMO 91:1 RVR1960

"No hay ningún lugar como el hogar", señala el dicho familiar. El hogar no solo es el lugar donde residimos, sino una morada en la que encontramos consuelo, descanso y protección del mundo. Aquí describe el salmista la presencia de Dios como un lugar en el que podemos hallar protección y consuelo en el Señor. Estamos en Él, y Él está en nosotras. Residimos en el más santo de los lugares, igual que el tabernáculo del Antiguo Testamento. Puesto que Dios habita en las alabanzas de su pueblo, nuestro lugar más íntimo y sagrado se halla cuando entramos en su presencia divina por medio de la oración y la alabanza.

La palabra sombra significa a menudo protección a lo largo de las Escrituras, que va junto con la palabra escudo, e indica también un lugar de protección. En este versículo, la imagen es la de las alas extendidas del querubín, que cubre el arca y el propiciatorio de misericordia. En Éxodo 25:20 (NTV) Moisés señala: "Los querubines estarán frente a frente, mirando hacia la tapa de la expiación; con las alas extendidas por encima de la tapa para protegerla". Fue aquí donde Dios aceptaba la ofrenda del sumo sacerdote, presentada una vez al año en el Día de la Expiación, que cubría los pecados de su pueblo y prometía protegerlos durante un año más a cambio de la confesión de sus pecados.

En esencia, el salmista está indicando que aquellos que habitan en Cristo entran al *santo sanctórum* y, por tanto, están cubiertos por la protección y el cuidado divinos del Maestro. ¡Somos consoladas y protegidas bajo la sombra del Dios Altísimo en todo tipo de peligros! Como una madre protege a su bebé del cálido sol, o como un padre aparta a su hijo del camino del mal, así nos consuela, nos protege y nos escuda Jesús del calor de los problemas y de las adversidades de la vida. Él habita dentro de cada creyente; asimismo, Él es nuestra morada.

Bienvenida a casa.

62. Él guía en medio de la oscuridad

Y guiaré a los ciegos por camino que no sabían, les haré
andar por sendas que no habían conocido; delante de
ellos cambiaré las tinieblas en luz, y lo escabroso en
llanura. Estas cosas les haré, y no los desampararé.
ISAÍAS 42:16 RVR1960

"Es como el ciego guía a otro ciego", comentó una abuela desde su sitio en el asiento del pasajero del coche que estaba conduciendo su joven nieta.

"¿Qué quieres decir?", miró la nieta de costado a la anciana mujer. ¿Había perdido la cabeza? Hasta donde ella sabía, todos los que viajaban en el coche de Colorado al sur de Texas podían ver.

"Tú eres la única persona en el coche lo suficientemente mayor que no está legalmente ciega". La abuela sonrió. "Ni tu madre ni yo podemos ver lo suficientemente bien, pero conocemos mejor las carreteras. Y tu hermano —se giró para mirarle en medio del asiento trasero—, piensa que sabe todo lo que necesita, pero no tiene ni idea, ni es lo suficientemente mayor". Ella le guiñó el ojo, silenciando de forma eficaz su protesta.

"Así que es como expresó Isaías: Dios está guiando este coche lleno de personas ciegas e ignorantes. Llegaremos a casa a salvo, pero solo bajo su vigilante cuidado y guía".

Por razones que Dios conoce mejor, estamos conduciendo por la vida sin saber a dónde vamos o sin conocer las carreteras que tenemos por delante.

¡Eso es algo bueno! Si lo supiéramos, muchas de nosotras le daríamos la espalda con miedo y escondiéndonos del mundo y de Dios, no experimentaríamos nunca el gozo y la paz que Él desea darnos cuando navegamos por las aventuras que Él tiene para nosotras. No solas, sino con Él. Él nos conduce por caminos que no conocemos. Él nos guía a través de la oscuridad espiritual de este mundo, brillando la luz de su Palabra para iluminar el camino ante nosotras (Salmo 119:105). Suaviza los lugares rugosos y rebaja los puertos de montaña. Él hace estas cosas por nosotras, porque nos ama y quiere que experimentemos lo mejor de Él. Y nunca nos deja ni nos abandona para que intentemos descubrir cómo escapar por nuestra cuenta. ¡Qué bendita promesa!

63. Un jardín bien regado

El Señor te guiará siempre; te saciará en tierras
resecas, y fortalecerá tus huesos. Serás como jardín bien
regado, como manantial cuyas aguas no se agotan.
ISAÍAS 58:11 NVI

Una de las tareas de Isaías cuando Dios lo llamó
como profeta en Israel no solo era profetizar sobre
el juicio venidero, sino también consolar al pueblo
escogido de Dios cuando se enfrentaban a la justicia divina. Pero el pueblo no escucharía… entonces.
Muchos años pasaron entre las palabras de Isaías en
el capítulo 58 y el juicio que predijo.

Anteriormente, en el mismo capítulo, Isaías registra la descripción poco favorecedora de Dios sobre
su pueblo: "¡Di a mi pueblo lo que está mal con sus
vidas, enfréntate a mi familia, la de Jacob, por sus pecados! Ellos están ocupados, ocupados, ocupados en
la adoración, y les encanta estudiar todo sobre mí. En
apariencia ellos son una nación de personas con una
vida recta" (Isaías 58:1-2 MSG). Exteriormente ellos
se deleitaban en ir al templo y oír la proclamación de
la Palabra de Dios. Se regocijaban en su adoración y
se cuidaban de observar a la perfección todas las leyes
pertenecientes a la adoración. Ayunaban. Oraban. Y
no entendían por qué Dios no oía sus oraciones y les
daría las respuestas que ellos querían.

Pero, internamente e incluso en público, después
de abandonar el templo, continuaban viviendo para
ellos mismos, buscaban los placeres impíos mientras

ayunaban. Trataban a sus siervos de forma injusta, hasta el punto de la opresión. Peleaban y contendían entre ellos. Dios los rechazó por sus malvadas motivaciones. No deseaban conocer verdaderamente a Dios, seguirlo con todo su corazón, su alma y su fuerza (ver Deuteronomio 6:4-5), aunque declaraban ese deseo a diario en su *Shemá* ritual.

Dios pronunció su juicio sobre la nación y le permitió a Nabucodonosor que llevara a su pueblo al exilio. Fue allí donde Dios les comunicó que su deportación duraría setenta años. Y les dio esta promesa: al final de su exilio, volverían a ser verdaderamente su pueblo de nuevo. Llevarían su Palabra en sus corazones; sus motivaciones serían puras. Y el Señor honraría sus deseos y los convertiría en jardines bien regados, como un manantial cuyas aguas no se agotan.

Muchas veces los creyentes se hallan en secos desiertos. Sienten que han estado en el exilio, tal vez por causas ajenas a su voluntad. Pero Dios es siempre fiel, y en estos tiempos sus promesas siguen siendo ciertas. Estos momentos de sequía no duran eternamente, independientemente de cómo sean. El Señor sacará a su pueblo del desierto, del exilio, y hará que sea fructífero, como un jardín bien regado, como un manantial cuyas aguas no se agotan. Qué consuelo saber que Dios guarda sus promesas; ¡siempre!

64. Las bendiciones de la obediencia

Y te amará, te bendecirá y te multiplicará, y bendecirá
el fruto de tu vientre y el fruto de tu tierra.
DEUTERONOMIO 7:13 RVR1960

¿Cuál es la forma exclusiva más significativa de demostrar nuestro amor a Dios? ¿Contribuimos más a su obra? ¿Trabajamos más en y para su reino? ¿Hacemos sacrificios personales o luchamos por llegar a ser más con Él? Aunque todas estas cosas son notables y dignas de atención, mostramos nuestro amor a Dios por medio de un acto singular: el acto de la obediencia.

No todo el mundo es llamado al campo de misión, pero todos son llamados al ministerio. La forma en que ministramos varía tanto como las huellas digitales de cada uno. Cada vez que Dios nos ha llamado a un ministerio, pero nosotros escogemos otro, el resultado es la desobediencia. Incluso la obediencia retrasada es desobediencia. Los actos de desobediencia se producen de las formas más simples y pequeñas, como guardar tu lengua cuando alguien te critica de forma injusta, o escuchar la voz de Dios en lugar de seguir tu propio plan.

Si hacemos nuestra parte, Dios hará la suya. Es así de simple. ¿Entonces por qué lo complicamos tanto? En este versículo, Dios nos promete las bendiciones de la obediencia. Si amamos a Dios y seguimos sus leyes morales y espirituales, no solo nos bendecirá, sino que también bendecirá a nuestras familias y todo lo que poseemos.

El incremento representaba bendición en tiempos antiguos. Aquí, Dios prometió que su pueblo nunca tendría herederos sin estados ni estados sin herederos. Si se mantenían puros de la idolatría de Egipto, los bendeciría más allá de lo que podían comprender.

Descubrir la voluntad de Dios no siempre es fácil, pero si seguimos su Palabra, entonces estamos siguiendo su voluntad, independientemente de dónde estemos en el viaje de la vida. Cuando obedecemos, demostramos nuestra devoción a y el respeto por el Salvador. Y nuestra obediencia cosecha recompensas. Dios espera bendecirnos de innumerables formas. Lo único que tenemos que hacer es obedecer.

65. Duerme sana y salva

*En paz me acuesto y me duermo, porque solo
tú, Señor, me haces vivir confiado.*
SALMO 4:8 NVI

¿Quién no anhela una buena noche de sueño? Los beneficios de dormir abarcan desde fomentar el ánimo y mejorar la memoria, hasta sanar el cuerpo ¡e incluso perder peso! Sin embargo, muchas de nosotras no damos con el truco para lograr conciliar el sueño que nuestros cuerpos necesitan.

Cuando reposas tu cabeza en la almohada, ¿eres capaz de poner en la cama tus ansiedades, preocupaciones y presiones diarias? A menudo es más fácil decirlo que hacerlo. "Que tengas una buena noche de descanso", le deseamos a todas los atletas de élite la noche anterior al gran partido. "Solo descansa", alentamos al paciente que está a punto de someterse a una operación. "Echa un sueñecito", aconsejamos a los padres sobrecargados. ¿Pero cómo pueden hacerlo? ¿Cómo podrán?

Los eruditos bíblicos están de acuerdo en que la frase "porque solo tú, Señor" es una expresión de confianza absoluta. Cuando los hombres malos amenazaban al rey David, él clamó a Jehová como su único protector. Aunque David sentía temor, sabía que podía descansar a salvo en las provisiones y en las promesas de Dios. Comprendió que su propia sabiduría o valor no tenían efecto sobre su paz ni sobre su mente, o su seguridad personal, sino que la única fuente de tranquilidad es Dios.

¿Cómo podemos dormir cuando nos sentamos al lado de la cama de algún ser amado enfermo, o nos sumergimos en un montón de facturas, o damos vueltas esperando que nuestro rebelde adolescente regrese a casa? ¿A dónde nos volvemos si el clima torrencial o el peligro inminente amenaza nuestro hogar o nuestra vida? ¿Cómo dormimos por la noche cuando el doctor nos dice que padecemos una enfermedad incurable o una condición debilitante?

Las noches en vela proceden de las preocupaciones y de las cargas innecesarias. Jesús llevó nuestros pecados y está más que dispuesto y es más que capaz de llevar nuestras cargas si se lo permitimos. La incredulidad y la inconstancia provocan trastorno interno e insomnio. Pero la confianza tranquila en Dios produce el descanso y el sueño tan necesarios. Igual que un padre amoroso, el Señor nos cubre con su divina protección y nos proporciona una suave almohada de paz para descansar nuestros agobiados corazones y mentes.

66. Pensamientos que traen paz: parte 1

*Al de carácter firme lo guardarás en
perfecta paz, porque en ti confía.*
ISAÍAS 26:3 NVI

En Jueces 6 leemos la historia de Gedeón. El pueblo de Israel había pecado y se vio esclavizada por los medianitas durante siete años. Transcurrido este tiempo, Dios oyó sus clamores por la libertad y se le apareció a Gedeón mientras este trillaba el trigo en un lagar. Ahora, Gedeón era un hombre que no estaba en paz consigo mismo ni con sus captores. Se estaba escondiendo en una zanja, y esperaba conseguir su pequeña cantidad de trigo trillado sin que los medianitas se dieran cuenta y se lo confiscaran. Dios se le apareció en forma de ángel y le anunció que quería que guiara a un ejército de israelitas para liberarlos del cautiverio de los medianitas. Gedeón, queriendo asegurarse de que no era un mero sueño, le pidió al Señor que esperara allí, mientras él iba a preparar una comida para Él.

Cuando Gedeón regresó con la comida, Dios le dijo que la depositara en una roca que había cerca y vertiera el caldo sobre ella. Gedeón hizo lo que le dijo, y Dios honró el sacrificio consumiéndolo con fuego. Al mismo tiempo, Gedeón ya no podía ver al ángel del Señor, y estaba aterrado. Se percató de que verdaderamente había estado hablando con Dios, y estaba seguro de que caería muerto en el acto. Pero Dios le habló una vez más y le aseguró que no moriría; Dios tenía un plan para él. En gratitud, Gedeón construyó un altar y lo llamó Jehovah-Shalom, por la increíble paz que lo inundó cuando creyó la promesa de Dios.

Esta historia revela la importancia de tener una relación correcta con Dios a fin de experimentar la paz constante. Isaías 26:3 dice que Dios nos guardará en completa paz mientras mantengamos nuestras mentes en Él. La paz llega a aquellos que aman la ley de Dios y la guardan (Salmo 119:165). Uno de los nombres de Jesús es Príncipe de Paz (Isaías 9:6). Y Pablo nos indica en Filipenses que tendremos paz cuando llevemos cada una de nuestras preocupaciones a Cristo en oración, con acción de gracias, y esa paz es el resultado de un pensamiento correcto (4:6-9). ¡Qué bendito resultado para aquellos que obedecen a Dios y le entregan sus pensamientos de ansiedad y su mentalidad negativa!

67. Pensamientos que traen paz: parte 2

Concéntrense en todo lo que es verdadero, todo lo honorable,
todo lo justo, todo lo puro, todo lo bello y todo lo admirable.
Piensen en cosas excelentes y dignas de alabanza. No
dejen de poner en práctica todo lo que aprendieron y
recibieron de mí, todo lo que oyeron de mis labios y vieron
que hice. Entonces el Dios de paz estará con ustedes.
FILIPENSES 4:8-9 NTV

En este pasaje, Pablo no proporciona un "test" para nuestro pensamiento, si queremos tener la paz perfecta de Dios en nuestro corazón y mente. Los verbos *concentrarse* y *pensar* del versículo 9 se conjugan en presente del imperativo activo. Esto significa que son órdenes de hacer algo ahora, de forma continuada y repetida. Del mismo modo que debemos llevar cautivos nuestros pensamientos negativos (2 Corintios 10:5), debemos aplicar todas las cosas positivas que Pablo menciona aquí.

En primer lugar, debemos pensar en cosas que son verdaderas. Jesús afirmó que la verdad es lo que nos hace libres (Juan 8:32). Cuando nos enfocamos en lo que es verdad, en los principios de la Palabra de Dios, todo lo que no es verdad se marchitará y morirá ante la luz de la verdad. Luego debemos pensar en cosas honorables, cualquier cosa que nos invite o atraiga por su dependencia de la verdad. Después debemos pensar en cosas que son justas, que están en conformidad con las normas de Dios, tal como se establece en su Palabra. También deberíamos enfocarnos en la pureza de Jesucristo y de la Palabra de Dios (Salmo 12:6). Esas cosas que son amorosas, admirables, excelentes en cualidad y virtud, y dignas de mención para completar la lista de cosas en las que debemos pensar.

Cuando observamos esta lista, ¿qué nos viene a la mente? ¿Quién es verdadero, honorable, justo, puro, amoroso, admirable? ¿Quién es excelente y digno de alabanza o de mención? Solo Jesucristo encaja de forma perfecta en esta descripción. Solo cuando centremos nuestros pensamientos en Él, experimentaremos la "perfecta paz" (Isaías 26:3; Filipenses 4:8-9).

Esta paz es "la paz de Dios, que sobrepasa todo entendimiento, guardará vuestros corazones y vuestros pensamientos en Cristo Jesús" (Filipenses 4:7 NVI).

68. La paz de Dios

La paz os dejo, mi paz os doy; yo no os la doy como el mundo
la da. No se turbe vuestro corazón, ni tenga miedo.
JUAN 14:27 RVR1960

Jesús acaba de compartir la comida de la Pascua con sus discípulos, dando así inicio a la primera comunión. Para ellos debió de ser enigmático este mandamiento de beber su sangre y comer su cuerpo, pero Él sabe lo que está por llegar esa misma noche y está preparando a sus amados amigos.

Juan 14 comienza con el consejo de Cristo: "No se turbe vuestro corazón". Entonces les recuerda a sus discípulos su compromiso con ellos y su unión con el Padre. Los sueños que tenían cuando escogieron seguir a este Rabí eran cortos de miras. Su llamamiento era mayor de lo que podían comprender. Un tiempo de tribulación se cernía sobre ellos, pero había un plan mayor en marcha.

Cuando Jesús prepara a sus discípulos para su muerte, les ofrece dos regalos de consuelo: la promesa de que siempre estará con ellos a través del Espíritu Santo, que pronto habitaría en ellos, y el regalo de su paz.

La paz de Jesús es poderosa. No es pasajera como la paz del mundo. Conquistada por Cristo en la cruz, esta paz comienza por medio de la reconciliación entre la creación de Dios y Él mismo. ¿Existe una paz mayor que caminar en completa unión con nuestro Creador?

Esta paz es constante, está arraigada en la absoluta verdad de que se han cumplido la voluntad y los caminos de Dios. Consolida al creyente con la confianza de que el Dios todopoderoso está trabajando de forma personal, dentro y fuera, para llevar a cabo su plan para nuestras vidas. En esta tierra tendremos problemas, pero Jesús ha vencido al mundo y sus problemas.

Cuando nos apoyamos en el primer regalo de Cristo, el Espíritu Santo, nuestra paz aumenta. De hecho, cuando confrontamos nuestra ansiedad y ofrecemos nuestras preocupaciones a Dios "en toda oración y ruego, con acción de gracias", "la paz de Dios, que sobrepasa todo entendimiento" guardará nuestros corazones y nuestras mentes en Cristo Jesús (Filipenses 4:6-7 RVR1960).

En el versículo de hoy vemos cómo nuestro Salvador regresa a su consejo inicial: "No se turbe vuestro corazón"; luego añade: "ni tenga miedo". Jesús llama tiernamente a sus seguidores, entonces y ahora, para reajustar nuestro pensamiento. Cuando navegamos en las partes confusas y dolorosas de la vida, nuestro Padre amoroso y digno de confianza está trabajando en el cuadro panorámico.

69. Dios está obrando su plan

"Estén firmes mientras los preparo para su obra. Los
estoy haciendo tan inexpugnables como un castillo,
inamovibles como un poste de acero, sólidos como una
pared de bloques de hormigón. Ustedes son un sistema
de defensa de un solo hombre contra esta cultura...
Lucharán contra ustedes, pero no los arañarán siquiera.
Yo los apoyaré en cada centímetro del camino".
JEREMÍAS 1:18-19 MSG

Jeremías, un poderoso profeta del Señor, se enfrentó
a una gran oposición. A menudo entregaba mensajes
a personas que no querían oír. Su ministerio abarcó
cuarenta años, pero cuando Dios lo llamó a profetizar, no era muy mayor. Le dijo a Dios: "¡Un momento, Señor y Dios! Mírame. No sé nada. ¡No soy más
que un niño!".

Al margen de la edad, el pueblo de Dios se siente
con frecuencia inadecuado para la tarea a la que Él
lo llama. Moisés puso todo tipo de excusas respecto
a su incapacidad para dirigir a los israelitas de Egipto. El profeta Isaías se lamentó: "¡Perdición! ¡Es un
día de perdición! ¡Soy igual de bueno que la muerte!
Cada palabra que he pronunciado está contaminada,
¡es incluso blasfema!" (Isaías 6:5) ¡Por no hablar de lo
indigno que me siento de tu llamado!

Pero Dios vierte lo que es necesario sobre aquellos a los que llama para que caminen hacia su destino. No solo quiere que se cumplan su obra; también
quiere que su pueblo sea fuerte y esté protegido. Él

instruye. Él fortalece. Él limpia. La temporada de entrenamiento puede ser intensa. Los siervos de Dios necesitan ser inexpugnables como un castillo, inamovibles como un poste de acero, sólidos como un muro de hormigón. La presión caerá sobre los mensajeros de Dios, y así los preparará para su obra, y los hará más fuertes de lo que nunca pensaron ser.

Dios sabe cuánto podemos soportar y cuándo. Él nos lleva paso a paso hacia nuestro futuro, nos ayuda a despojarnos de cualquier cosa que pudiera ser una trampa para nosotras, cuando nos entregamos al llamamiento de nuestra vida. A veces, cuando Dios confronta nuestras debilidades y nuestras insignificantes perspectivas, duele despojarse de ellas, pero cada día nos hacemos más fuertes por medio de su Espíritu. En ocasiones, Él permite enfrentamientos que nos hacen más resistentes. Estas experiencias no son divertidas, pero a través de ellas nos preparamos para el futuro.

La protección de su pueblo es un asunto serio para Dios, la NVI expresa de este modo Jeremías 1:18-19: "Hoy te he puesto como ciudad fortificada, como columna de hierro y muro de bronce, contra todo el país... Pelearán contra ti, pero no podrán vencerte, porque yo estoy contigo para librarte", afirma el Señor.

70. El plan de Dios para bien

*"Pues yo sé los planes que tengo para ustedes", dice
el Señor. "Son planes para lo bueno y no para lo
malo, para darles un futuro y una esperanza".*
JEREMÍAS 29:11 NTV

Jeremías profetizó en Jerusalén durante el final de
una larga línea de reyes del linaje de David. Babilonia
ya se había llevado al rey y al primer grupo de exilia-
dos al cautiverio.

En el capítulo 29, Jeremías tiene un mensaje
para los que ya están en el exilio. Repite las razones por las que están ahí, y luego describe lo que el
Señor quiere que hagan mientras se encuentren allí.
Los falsos profetas seguían intentando anunciar que
Dios no permitiría que el exilio durara mucho, pero
Jeremías advirtió al pueblo acerca de escuchar sus
falsas palabras. De hecho, Dios había decidido que
permanecieran en Babilonia durante setenta largos
años. Muchos morirían en cautividad.

Pero Jeremías les dijo que se asentaran en su
nuevo hogar, que construyesen casas, que plantaran
jardines, que comieran el fruto de lo plantado, que
continuaran casándose y teniendo hijos; en otras palabras, que siguieran viviendo del mismo modo que
lo hacían en su país, en Jerusalén. Dios les indicó por
medio de Jeremías, que buscasen la paz de Babilonia,
que orasen por sus captores.

Les recordó que después de setenta años serían
liberados para volver a Jerusalén. Dios les prometió:

"Sé los planes que tengo para ustedes. Planes para lo bueno. Planes para un futuro y una esperanza para el futuro". A pesar de que el pueblo no podía ver tan lejos, Dios les aseguró que aún tenía en mente su bien. De hecho, planeó el exilio para que fuera beneficioso para ellos, purgara tanto sus pecados como los de sus padres al negarse a obedecer sus mandamientos, y dándoles una esperanza que les ayudaría a lo largo de los muchos años de exilio.

De la misma manera, Dios tiene hoy planes para nosotras. Son planes para lo bueno. Son planes que nos dan esperanza, que nos asegura que Dios tiene un plan para nuestro futuro. Estos planes no solo serán buenos para nosotras, sino que también brindarán gloria a Dios. ¿Qué podría traer más paz que confiar en el plan de Dios para nuestro futuro?

71. Llamada a y confiada en sus propósitos

Y sabemos que Dios hace que todas las cosas cooperen para el bien de quienes lo aman y son llamados según el propósito que él tiene para ellos. Pues Dios conoció a los suyos de antemano y los eligió para que llegaran a ser como su Hijo, a fin de que su Hijo fuera el hijo mayor de muchos hermanos.
ROMANOS 8:28-29 NTV

Muchos, por no decir la mayoría de los creyentes, suelen citar Romanos 8:28 cada vez que están pasando por una prueba. Después de todo, ¿qué mayor consuelo podríamos pedir que saber que Dios está haciendo que todas las cosas terribles que nos están ocurriendo cooperen para que salga algo bueno de ellas?

¿Pero qué sucede si las demás personas involucradas también son creyentes? ¿Y qué pasa si ellas creen que Dios está haciendo que las cosas cooperen para el bien en sus vidas? ¿Es eso justo? ¿Y qué quería decir Pablo exactamente cuando escribió que Dios hace esto para aquellos que le aman y que son llamados según el propósito que tiene para ellos?

Una sabia mujer pidió a su hija que considerara estas preguntas hace muchos años cuando la hija estaba buscando justicia contra la persona responsable de expulsar a su familia de un ministerio que ellos sabían que era del Señor. Ella no solo quería la reivindicación del Señor, sino que además quería que el castigo de Dios se vertiese sobre estas personas.

La hija no podía sacarse de la cabeza las preguntas, hasta que finalmente se dio cuenta de que Dios le estaba pidiendo que perdonase a quienes le habían hecho daño a ella y a su familia. Esas otras personas ni siquiera habían pedido perdón ni habían reconocido haber hecho algo por lo que debieran ser perdonados. Sin embargo, sabiendo que su actitud era un obstáculo para que el Señor hiciera que la situación cooperara para bien, obedeció y perdonó a la oposición.

De forma gradual, el Señor le dio la gracia suficiente para perdonar por completo. Pero no fue hasta años después cuando ella vio lo bueno (y el propósito) que Dios prometió y no solo obró en las personas implicadas, sino además en el ministerio mismo. Iba mucho más allá de lo que ella podría haber imaginado en aquel primer momento.

Una vez más, Dios había cumplido su promesa de cooperar para el bien de su pueblo, de acuerdo a su propósito de moldear a sus hijos a la imagen de su Hijo, para su gloria final.

72. La plenitud del Espíritu de Dios

*"Pero recibiréis poder, cuando haya venido sobre vosotros
el Espíritu Santo, y me seréis testigos en Jerusalén, en
toda Judea, en Samaria, y hasta lo último de la tierra".*
HECHOS 1:8 RVR1960

En su Evangelio, Juan registra muchas de las últimas palabras de Jesús a sus discípulos antes de ir a la cruz. Había invertido tres años de su vida en estos doce hombres, intentando prepararlos para el momento en el que los dejara de forma permanente, después de su resurrección. En Juan 14, Jesús promete enviarles al Consolador, un Ayudador, Aquel que continuaría enseñándoles las cosas que el Padre y el Hijo querían que supieran (14:16-17, 26).

Este Consolador habitaría dentro de cada uno de ellos, enseñándoles acerca del Padre, recordándoles las cosas que Jesús les había enseñado, y fortaleciéndoles para vivir de forma piadosa, vidas santas.

Este era el "corazón de carne" sobre el que habló Ezequiel cuando profetizó el nuevo pacto que Dios haría con su pueblo. Y este nuevo camino no solo estaba disponible para los judíos, sino que Dios lo abrió además para los gentiles, algo inaudito en la cultura judía hasta ese momento.

Justo antes de su ascensión al cielo, Jesús habló de nuevo sobre el Espíritu Santo que vendría para habitar en ellos. Lucas, el escritor de Hechos, registra el último mandamiento de Jesús: "Sed mis testigos no solo en Jerusalén, sino también en Judea, Samaria y hasta lo último de la tierra". Sabía que ellos nos podían llevar a cabo su mandamiento en su propia sabiduría o fuerza, así que repitió su promesa del Espíritu Santo que no solo les daría las palabras para hablar, sino también la fuerza que necesitaban para la enorme tarea que el Señor había establecido ante ellos. Con su poder podían ir con confianza, sabiendo que el Señor les había dado todo lo que necesitaban para completar con éxito la obra que les había encomendado.

Esta promesa no era solo para los discípulos de Jesús de entonces; esta promesa es también para nosotras, veintiún siglos después.

73. Sin vergüenza del Evangelio

Porque no me avergüenzo del evangelio, porque es
poder de Dios para salvación a todo aquel que cree;
al judío primeramente, y también al griego.
ROMANOS 1:16 RVR1960

¿Por qué habría que avergonzarse de hablar a los demás sobre algo que funciona? Si encontraras la cura para el cáncer, ¿te avergonzaría contárselo a los demás? ¡Por supuesto que no! Si encontraras una forma económica de vivir en la luna, ¿no le darías la información a todo el mundo? ¡Por supuesto que lo harías! Si tu hijo bateara un homerun de gran slam o consiguiera el touchdown ganador en el último partido de la semana, ¿te avergonzarías de alardear de ello con todos tus amigos? ¡No! O si tu hijo o hija acabaran el año escolar con el promedio de notas más alto de todo el cuerpo estudiantil, especialmente en una escuela conocida por sus altos estándares académicos, ¿querrías asegurarte de que todo el mundo que conoces oyera hablar de ello? ¡Por supuesto que sí!

Entonces, ¿por qué dudamos a la hora de compartir con los demás las mejores noticias de todas? Las nuevas de que Jesucristo vino a la tierra, adoptó la forma de hombre como un bebé, sin reputación alguna, y vivió entre personas pobres con ocupaciones humildes para que pudiera morir de la muerte más ignominiosa de aquel momento, y sufrir una separación total de su santo Padre que no puede contemplar el pecado, y mucho menos estar en su presencia; y todo por tus pecados; hizo todo esto para que pudieras ser liberada de la horrible pena del pecado; para que pudieras habitar con Él para siempre en el cielo.

No hay de qué avergonzarse en todo esto.

Las buenas nuevas del Evangelio tienen el poder de salvar al más cruel de los pecadores. Ahí está la promesa. Nadie es demasiado duro, demasiado pecador o del todo indiferente para que el poder del Evangelio no lo salve. ¿Quiénes somos nosotras para decidir que si o que no, y con quién compartiremos el Evangelio? Jesús vino para que todas las personas tuvieran la oportunidad de arrepentirse. ¡Son las mejores noticias del mundo!

74. Mi debilidad demuestra su poder

Pero él me dijo: "Te basta con mi gracia, pues mi
poder se perfecciona en la debilidad". Por lo tanto,
gustosamente haré más bien alarde de mis debilidades,
para que permanezca sobre mí el poder de Cristo.
2 Corintios 12:9 nvi

Es la paradoja cristiana. Cuando somos débiles, entonces somos fuertes. El poder de Dios se muestra con mayor poder en su pueblo cuando este es plenamente consciente de su debilidad.

Cuando la enfermedad, la dificultad financiera, las inseguridades (debilidades) nos atormentan, nos sentimos vulnerables, presionadas, inadecuadas. Nos sentimos tentadas a esconder nuestras luchas y llevar una máscara de fuerza, incluso ante nuestro Señor. Él espera todo el tiempo que volvamos nuestra mirada hacia Él, que busquemos su poder divino para nuestra debilidad.

Pablo, el escritor de este pasaje, aprendió una forma diferente. Él consideró la debilidad como el lugar donde Dios se muestra y demuestra cómo *su* poder y *su* gracia son la clave para vivir de forma poderosa.

Admitir nuestra debilidad nos permite soltar nuestra autosuficiencia y nuestro orgullo para que podamos buscar y recibir las inagotables provisiones de la divina gracia y de la fuerza de Dios para cada una de nuestras necesidades. No es necesario cavar más hondo para lograrlo. Es preciso dar un paso desde un lugar de esfuerzo por esconder y vencer nuestra debilidad a un lugar de descanso en Dios para trabajar a través de nuestra debilidad y a pesar de ella.

Las Escrituras son claras respecto a que Dios da su fuerza al humilde, pero se opone al orgulloso, a la vida altiva. Nos salimos de la pista cuando intentamos traer la gloria a Dios y mostrar a todo el mundo lo fuertes que somos en las pruebas o escondiéndonos tras una máscara de suficiencia. A veces deshonramos su reputación por nuestros esfuerzos de protegerla. Cuánto más poderoso es nuestro testimonio cuando los demás ver la lucha, cómo nos apoyamos en nuestro Salvador a través de ella, y con qué fidelidad nos lleva.

Cuando nos apoyamos en Jesús, dejamos al descubierto nuestra insuficiencia y creemos en su suficiencia, es cuando el mundo ve al Dios todopoderoso, constante que se preocupa de nosotros. El Señor le dijo a Pablo: "Te basta con mi gracia, pues mi poder se perfecciona en la debilidad".

Nos dice lo mismo a nosotras hoy: "Ven a mí, yo soy todo cuanto necesitas. Mi gracia resplandece más en tu debilidad".

75. Oraciones oídas

El Señor está lejos de los perversos, pero
oye las oraciones de los justos.
PROVERBIOS 15:29 NTV

"¿Por qué molestarse en orar? Dios nunca responde. Estoy segura de que ni siquiera le importa".

"Mis oraciones rebotan contra el techo. Nunca van más arriba. Al menos eso es lo que parece. Dios no me escucha".

"¿Orar... yo? ¡Ja! ¿Para qué molestarse? Dios nunca oye mis oraciones. Igual puedo hacerlo sin ayuda de todos modos".

¿Has oído alguna vez estas afirmaciones? ¿O las has expresado tú misma? Dios se deleita de verdad al oír a sus hijos. Pero su Palabra nos dice que existen varias razones por las que no oye nuestras oraciones.

La razón principal está aquí, en Proverbios 15. Dios está lejos de los perversos. El pecado coloca una barrera entre Dios y nosotras, antes *y* después de la salvación. La única oración de la persona injusta que Dios oye es la oración de arrepentimiento y la humilde petición de salvación. Pero incluso el creyente, la persona justa, puede encontrar sus oraciones bloqueadas. Esas plegarias parecen no ir mucho más allá del techo.

Pero a veces, incluso cuando sabemos que no estamos escondiendo ningún pecado que pudiera impedir que nuestras oraciones llegaran a Él, sentimos como si Dios nos estuviera ignorando. Algunos creen que Dios no oye a menos que oremos de una cierta forma, por ejemplo, empleando el formato de adoración, confesión, acción de gracias, ruego, u otro tipo de "fórmula" de oración. Algunos creen que si no tomamos el tiempo de reconocer quién es Él y le damos gloria, Él no escucha. ¡No es cierto!

Él oye y responde las oraciones de desesperación. Oye nuestras oraciones "palomitas", declaraciones cortas de oración, una forma eficaz en la oración corporativa. Además, Pablo nos anima a "nunca dejar de orar" (1 Tesalonicenses 5:17 NTV), a estar constantemente en una actitud de oración. Si lo estamos, entonces son innecesarias algunas de las oraciones de tipo fórmula.

Otra razón por la que creemos que no tenemos respuestas a la oración podría ser que no conseguimos la contestación exacta que imaginábamos; por tanto, consideramos que la plegaria no ha sido escuchada ni respondida. Además, es posible que necesitemos esperar un poco más de tiempo antes de obtener una respuesta. Sí... no... espera un poco. Tan solo mantén las líneas de comunicación libres de pecado.

76. El Espíritu Santo ora por nosotros

Además, el Espíritu Santo nos ayuda en nuestra debilidad.
Por ejemplo, nosotros no sabemos qué quiere Dios que le
pidamos en oración, pero el Espíritu Santo ora por nosotros
con gemidos que no pueden expresarse con palabras.
Y el Padre, quien conoce cada corazón, sabe lo que el
Espíritu dice, porque el Espíritu intercede por nosotros,
los creyentes, en armonía con la voluntad de Dios.

Romanos 8:26-27 ntv

Algunos cristianos ponen presión sobre sí mismos cuando van a orar. Se preocupan por pronunciar las palabras correctas o utilizar el método correcto. Se consumen con listas de oraciones o temen que Dios no los oirá si no tienen la fe suficiente. Estudian libros y recorren las Escrituras para tener la aproximación perfecta.

Dios nunca hizo que fuera tan complicado. Él se deleita en nuestro deseo de crecer en nuestra comunicación con Él y no le importa que busquemos instrucción. Pero Él no es un Dios de fórmulas. Él escucha, independientemente del modo en que nos acerquemos a Él.

Dios señala que cuando no sepamos qué o cómo orar, no importa. El Espíritu mismo intercede en nuestro favor, conecta nuestro corazón al corazón del Padre, y nos pone en sintonía con lo que Dios quiere que hagamos.

En momentos de dolor o temor profundos, es posible que tengamos problemas al formular pensamientos coherentes. Pero no es necesario que nos preocupemos por defraudar a Dios, a nosotras mismas, o a nuestros seres queridos, porque nuestras oraciones no son elocuentes y fluidas. El Espíritu Santo está ansioso por orar en nuestro lugar en estos momentos. *The Message* declara: "Si no sabemos cómo o qué orar, no importa. Él hace nuestra oración en y por nosotros, creando oraciones de nuestros suspiros silenciosos, de nuestros lamentos dolorosos" (Romanos 8:26-27).

A menudo no estamos seguras de *qué* orar. El Espíritu nos conoce mejor que nosotras mismas. Además, conoce el plan de Dios. Él está justo a nuestro lado. A veces nos muestra la voluntad de Dios y nos fortalece para orar por ella. Otras veces, simplemente ora en nuestro favor.

La oración es un regalo. Es una conversación con Papá Dios. Una reunión de amantes con el Esposo Jesús. Una sesión de enseñanza con nuestro guía, el Espíritu Santo. Pero no tiene nada que ver con la perfección. Ya sea que sepamos qué decir o que nos sentemos en silencio, el Espíritu Santo siempre está ahí, nos conecta a la Trinidad, y oramos la voluntad del Padre.

77. Él está escuchando

También sucederá que antes de que llamen, yo responderé,
y mientras todavía estén hablando, yo escucharé.
Isaías 65:24 AMP

Desde el comienzo de la estancia de Daniel en Babilonia, fue conocido como un hombre de oración. De hecho, pronto determinó no dejarse contaminar por la perversidad que lo rodeaba cada día. En primer lugar, con lo que comía, y después en su conducta y hábitos. La oración le apartaba de los demás en el reino.

Tanto era así que cuando Daniel ya era anciano, y el rey Darío lo puso a cargo de todos los príncipes y consejeros del reino, sus enemigos supieron exactamente qué hacer para derrocarlo de tan codiciada posición. Hicieron firmar al rey una proclamación de que cualquiera que orase a otra persona que no fuera el rey (apelando a su vanidad) durante los siguientes treinta días, sería arrojado al foso de los leones. Nadie había sobrevivido jamás a ese castigo particular. Pero incluso después de promulgarse el edicto como ley, Daniel continuó orando tres veces al día. No lo hacía en privado donde nadie lo supiera, sino de forma pública como solía hacer; ante las ventanas de su habitación que estaban orientadas a Jerusalén, se arrodillaba y oraba abiertamente a Dios. Sus enemigos se lo contaron inmediatamente al rey, y Darío, afligido por haber caído tan fácilmente en su complot, debía seguir adelante. Así que Daniel fue arrestado, arrojado al foso de los leones, y dejado allí toda la noche.

Darío no pudo dormir aquella noche, pero tan pronto como empezó a rayar el alba, se dirigió de nuevo al foso de los leones, esperando contra toda probabilidad que Daniel hubiera sobrevivido a la noche. Y lo hizo. Dios había enviado un ángel para cerrar la boca de los leones.

Más tarde leemos que Daniel tuvo una visión y le pidió a Dios que le revelara el significado. Durante tres semanas oró, ayunó e hizo duelo por no recibir respuesta alguna. Finalmente, Gabriel, un ángel enviado por Dios, vino a él y le proporcionó el entendimiento pedido. Le explicó que Dios había oído su oración desde el primer día y le había enviado a él con la respuesta, pero se lo habían impedido. Satanás le había obstaculizado, y cuando el arcángel Miguel vino en su ayuda, Gabriel huyó y fue al encuentro de Daniel.

Dios oye nuestras oraciones cuando llamamos la primera vez. Y responde, ¡muchas veces incluso antes de que oremos! Pero a veces el enemigo intenta desviar la respuesta de Dios. Persevera. Dios oye y responde.

78. Cuando dos se ponen de acuerdo

Otra vez os digo, que si dos de vosotros se pusieren
de acuerdo en la tierra acerca de cualquiera cosa que
pidieren, les será hecho por mi Padre que está en los
cielos. Porque donde están dos o tres congregados
en mi nombre, allí estoy yo en medio de ellos.
Mateo 18:19-20 rvr1960

A lo largo de su ministerio terrenal, Jesús enseñó a sus discípulos la importancia de la oración y les dio instrucciones de cómo orar. En el conocido Padrenuestro, les enseñó la importancia de tomar tiempo para adorar a Dios en la oración, incluso antes de hacer nuestras peticiones. A menudo, nuestras oraciones dejan fuera el aspecto de la adoración y la acción de gracias, y solo se centran en lo que queremos de Él. Pero Jesús no solo alentó las oraciones individuales; también les enseñó la importancia de la oración corporativa. Lo olvidamos con demasiada frecuencia. La reunión semanal de muchas iglesias solía ser la reunión de oración, un tiempo en el que los miembros de la iglesia se reunían para orar juntos por las necesidades del cuerpo de la iglesia local. Pero en la era de las megaiglesias y los ajetreados estilos de vida, muchas iglesias han disminuido la reunión semanal. Muchas tienen "líneas directas" de oración o listas de email que hacen correr la voz de forma eficaz para orar por necesidades concretas. Pero cada vez menos creyentes se implican en la oración corporativa.

Jesús indicó que incluso cuando dos personas se ponen de acuerdo sobre cualquier cosa para orar, pueden esperar que el Señor responda. Continuó diciendo que allá donde dos o tres personas se reúnen para orar en su nombre, Él está ahí escuchando sus peticiones, gloriándose en su adoración, y deleitándose en responder a sus peticiones.

Un grupo de mujeres se reúne dos veces al mes para orar, buscan las respuestas del Señor, e interceden las unas por las otras, por sus ministerios y sus familias. Todas son de diferentes iglesias y esferas de la vida, pero el Señor las unió por un interés compartido y las ha mantenido unidas para proporcionarse ánimo y fuerza unas a otras. Jesús es una parte muy importante de sus tiempos de oración, y han visto algunas respuestas asombrosas a sus oraciones como resultado.

Si tu iglesia no tiene un tiempo de oración corporativa, reúnete con algunas amigas que deseen este tipo de oración, encuentra un tiempo para reunirte y orar. Dios honrará tu tiempo de oración cuando ores en el nombre de Jesús.

79. Tu Refugio

Tú eres mi refugio; tú me protegerás del peligro y
me rodearás con cánticos de liberación.

SALMO 32:7 NVI

El 28 de febrero de 1944, la Gestapo alemana invadió la casa de la familia de Corrie ten Boom en busca de los tan perseguidos judíos. El padre de Corrie, Casper, su hermana, Betsie, y otros miembros de la familia fueron arrestados y encarcelados.

Mientras tanto, seis judíos se escondieron durante cuarenta y siete horas detrás de una falsa pared construida en la habitación de Corrie. Allí, en el oscuro y estrecho hacinamiento, sin provisiones de agua, esperaron en silencio hasta que fue seguro salir. Los terroristas nazis nunca los encontraron y todos sobrevivieron.

La familia ten Boom y sus amigos salvaron a unos ochocientos trabajadores subterráneos judíos y alemanes, proporcionándoles un puerto seguro, un refugio de los nazis. Sacrificaron sus vidas por las vidas de otros. Casper ten Boom, el padre de Corrie, murió diez años después de su encarcelamiento en Scheveningen. Corrie y su hermana, Betsie, pasaron diez meses en tres cárceles diferentes, y Betsie murió en el campo de concentración de Ravensbruck, solo unos días antes de la milagrosa liberación de Corrie. Debido a un error clerical, Corrie fue liberada una semana antes de que todas las mujeres de su edad fueran ejecutadas.

Cuando llegan las pruebas, ¿a dónde vamos para escapar? ¿Has querido correr y esconderte alguna vez? Todas lo hemos querido. Aunque es posible que no necesitemos huir por nuestras vidas, a menudo necesitamos un refugio personal. Jesús derramó su sangre para que podamos vivir. Con amor, misericordia, y gran sacrificio, Cristo construyó una pared de protección y seguridad para cada creyente.

La palabra hebrea para "refugio" en este versículo es *mictar,* que quiere decir "lugar secreto de protección". Este versículo promete la protección y la seguridad de Dios en los ataques de la vida y en los ataques contantes del enemigo de nuestras almas.

A menudo se citan las siguientes palabras de Corrie: "No hay foso demasiado profundo al que el amor de Dios no pueda llegar". No importa lo profundo que sea tu problema, nuestro Dios amoroso es tu refugio. Así que aférrate y escóndete en Cristo, porque la liberación está de camino.

80. Una ayuda presente

Dios es nuestro amparo y nuestra fortaleza, nuestra
ayuda segura en momentos de angustia.
SALMO 46:1 NVI

¿Has usado alguna vez OnStar? El servicio proporciona asistencia inmediata si tuvieras un accidente de coche, o un pinchazo en la rueda, o si necesitaras una dirección. "¿Cómo puedo ayudarte?", pregunta la voz cuando presionas el botón. Bastante agradable. Asistencia inmediata es lo que a todas nos gustaría, pero rara vez llega en el mundo de hoy.

Por ejemplo: llamas a la oficina del doctor y pasas por varios mensajes automáticos antes de hablar con una persona real. Entonces, la operadora real de carne y hueso transfiere la llamada a una enfermera, pero esta está ocupada con pacientes así que tu llamada se remite a un buzón de voz. O tienes preguntas sobre tu seguro. Llamas a la compañía, y la persona que hay al otro lado te transfiere a otro departamento, pero esa persona no puede ayudarte tampoco, y te vuelve a transferir a otra división. Explicas tus preguntas a una persona tras otra, pero nadie parece saber la respuesta. Necesitas ayuda, pero no hay ayuda. ¡Qué desperdicio de tiempo!

En este versículo, "ayuda segura en momentos de angustia" (NVI) significa exactamente eso. En realidad, el término presente significa "se ha comprobado" o "ha demostrado" ser de ayuda en los problemas. El término presente indica que Dios está junto a nosotros durante ese tiempo, y el lenguaje usado en este texto indica que no solo está cerca para ayudar, sino que está sumamente cerca. Es más, ¡su historial de ayuda hacia nosotros es impecable!

Dios es la Estrella Radiante que eclipsa a On Star o a cualquier otro servicio terrenal que afirme ayudarnos en nuestros momentos más vulnerables y visibles. ¿Necesitas ayuda? Dios está en escena, incluso antes de que te des cuenta. Él promete: "Les responderé antes de que me llamen. Cuando aún estén hablando de lo que necesiten, ¡me adelantaré y responderé a sus oraciones!" (Isaías 65:24 NTV).

81. Los agentes secretos de Dios

Pues él ordenará a sus ángeles que te protejan por donde vayas. Te sostendrán con sus manos para que ni siquiera te lastimes el pie con una piedra.
SALMO 91:11-12 NTV

Un auto que circula de frente te pasa rozando. Al parecer, una mano invisible te puso a salvo. Las noches de trabajo hasta tarde y las demasiadas responsabilidades ponen a prueba tu fuerza. Necesitas un descanso, pero surge otro problema inesperado y tienes que hacerle frente. ¿Cómo reúnes las fuerzas? Después de la oración, sientes una capacidad renovada para continuar. Cuando trabajas, sientes como si los ángeles te estuvieran sosteniendo de cada lado.

Contraria a las imágenes estereotípicas seculares, los ángeles no son querubines de mofletes regordetes o criaturas mitológicas nacidas de un cuento de hadas. Más bien, son seres celestiales poderosos creados para los propósitos específicos de Dios.

Las Escrituras declaran que el Señor envía ángeles para ayudar a aquellos que son de Dios (Hebreos 1:14). Nuestro Padre celestial envía a estas criaturas gloriosas para vigilar cada detalle de nuestras vidas y guardarnos en todos nuestros caminos. A la orden de Dios, ellos liberaron al apóstol Pedro de la cárcel, cerraron la boca de los leones, proporcionaron provisiones para Elías, entregaron un asombroso mensaje a María, y anunciaron el nacimiento del Salvador.

Pero Satanás también utilizó estos versículos para intentar tentar a Jesús para que pecara.

*Después el diablo lo llevó a la santa ciudad,
Jerusalén, al punto más alto del templo, y
dijo: "Si eres el Hijo de Dios, ¡tírate! Pues las
Escrituras dicen: 'Él ordenará a sus ángeles que
te protejan. Y te sostendrán con sus manos para
que ni siquiera te lastimes el pie con una
piedra'".
Jesús le respondió: "Las Escrituras también
dicen: 'No pondrás a prueba al Señor tu Dios'".
(Mateo 4:5-7 NTV)*

Estos divinos mensajeros están presentes y activos en nuestras vidas también hoy. En el salmo 91:11-12, Dios promete que enviará a sus ángeles cuando tengamos necesidad de ellos. Estos ángeles "guardianes" son los agentes activos de Dios en misión. Están presentes en nuestro nacimiento y nos llevarán a los brazos del Padre cuando pasemos a la eternidad. Son los verdaderos agentes secretos de Dios de misericordia, fuerza y protección.

82. Nada puede herir a los que son de Dios

"Ninguna arma forjada contra ti prosperará, y
condenarás toda lengua que se levante contra ti en
juicio. Esta es la herencia de los siervos de Jehová".
Isaías 54:17 rvr1960

A lo largo de la historia de Israel, desde el tiempo de Abraham hasta ahora, el pueblo judío ha visto cumplida esta promesa una y otra vez. Aunque a veces ha parecido que sus enemigos habían prevalecido, nunca lo han hecho por mucho tiempo. El pueblo de Israel ha sufrido muchas dificultades por los siglos, algunas a causa de su propio rechazo de adorar a Dios u obedecer sus mandamientos para ellos.

En primer lugar, Dios utilizó a Moisés para liberar a su pueblo de la esclavitud de Faraón. Más tarde, usó a personas corrientes de dentro de Israel para liberarlas de los tiranos opresores. A la mente nos vienen Débora, Gedeón y Sansón. Luego Israel pidió un rey como las demás naciones, y rechazó la teocracia de Dios.

Cuando Dios puso a Saúl en el trono, el pueblo respiró con mayor holgura, pensando que sus problemas por los reinos de fuera habían terminado. No fue así. Saúl no obedeció a Dios por completo y no aniquiló a los amalecitas; mucho después, cuando los judíos fueron al exilio en Persia, un descendiente de los amalecitas intentó exterminarlos. Dios puso a Ester como reina, con influencia sobre el rey para frustrar los perversos planes de Amán.

La lista continúa a lo largo de los siglos, pero este pasaje de Isaías predice lo que ocurriría después del exilio en Babilonia... y en un futuro lejano para proteger a los creyentes, tanto judíos como gentiles. Hoy, los judíos han vuelto a su propia tierra, a pesar de que aún están enfrentados contra sus antiguos enemigos. Incluso sus aliados gentiles (la mayoría de los cuales no creen en Jesucristo) los están abandonando una vez más.

Sin embargo, la promesa aún se mantiene. "Ninguna arma forjada contra ti prosperará". Esta también es nuestra herencia. Puede que Satanás nos combata, especialmente cuando estamos haciendo cosas que tienen un valor eterno, pero es un enemigo derrotado (ver Colosenses 2), y aunque pueda parecer que está ganando, al final Dios es el vencedor. Su pueblo está justificado por toda la eternidad.

La próxima vez que tu espalda choque contra la pared, recuerda que nada podrá hacerte caer del firme cimiento sobre el cual Dios ha puesto a sus amados.

83. Jesús, nuestra Torre fuerte

El Señor es un refugio para los oprimidos,
un lugar seguro en tiempos difíciles.
Salmo 9:9 ntv

Si alguna vez te has sentido aplastada, quebrantada, afligida o sin esperanza, entonces sabes lo que es experimentar la opresión. Este versículo nos asegura que Dios es nuestro refugio y nuestro lugar seguro durante los momentos de opresión. ¿Pero qué significa eso realmente?

En los tiempos bíblicos, para impedir que los mosquitos les picaran, los egipcios dormían en lugares seguros en los que los insectos molestos no podían alcanzarlos por sus limitadas capacidades de vuelo. De hecho, la palabra hebrea para "lugar alto" es *misgab*, que indica la altura y la altitud adecuadas inaccesibles para el enemigo. En la antigüedad, el misgab era un lugar que las personas buscaban en los momentos de peligro para hallar seguridad y protección. Era un lugar de seguridad y retiro.

El Mesías es nuestro divino Misgab. Él es el único en el que podemos hallar paz y refugio durante nuestros momentos más difíciles. La desesperación disminuye en su presencia; los problemas se alivian y las perspectivas cambian cuando venimos a Él en oración y alabanza. Sin embargo, Dios parece estar en silencio demasiado a menudo y sentimos como si nos hubiera abandonado cuando las olas de la opresión golpean con una fuerza brutal. Pero el tiempo de Dios es perfecto.

Al final de este versículo, aparece la palabra hebrea *batsarah*. Algunos interpretan *batsarah* como si quisiera decir defensa, pero en este contexto se traduce "problema", y denota unas circunstancias tan adversas que una persona siente que no hay vía de escape. Cuando nos sentimos en completa desesperanza, solemos acudir al Señor. Así que Dios puede permitirnos llegar al final de nosotras mismas, en completa desesperación, para que dependamos solo de Él.

Él *es* nuestro lugar seguro y nuestro refugio en medio de la opresión y la aflicción; cuando corremos a Él estamos a salvo del enemigo de nuestras almas. Cuando entramos en su lugar seguro, modelado y construido para nosotras, hallamos descanso y paz, y las plagas de la opresión ya no pueden alcanzarnos.

84. Las promesas de Dios nos preservan

"Las promesas del Señor son puras como la plata refinada en el horno, purificada siete veces. Por lo tanto, Señor, sabemos que protegerás a los oprimidos; los guardarás para siempre de esta generación mentirosa".

SALMO 12:6-7 NTV

La plata o el oro más puros, o cualquier otro metal precioso no salen de las minas en una condición prístina. Están mezclados con otros minerales. Detectar el mineral para reconocer su valor y extraerlo es algo que requiere las habilidades de las personas. Y luego debe pasar por un proceso riguroso de purificación antes estar preparado para darle forma de joya u otra pieza útil o decorativa.

"La plata utilizada por los antiguos se obtenía, probablemente, de la fundición de minerales de sulfuro de plomo, rico en plata (galena argentífera). Después de que el mineral hubiera sido reducido a una condición metálica, el plomo se separaba de la plata soplando aire caliente sobre la superficie del metal fundido. Por tanto, el plomo se convertía en óxido de plomo que, en estado de polvo quedaba expulsado por el chorro de aire".*

El profeta Ezequiel comparó a los israelitas que fueron al exilio con la plata que pasa por un proceso de refinamiento. "Los israelitas son la escoria

---

* "Refiner," Bible Hub, http://biblehub.com/topical/r/refiner.htm.

inservible que queda después de fundir la plata. Son los desechos que sobran: una mezcla inútil de cobre, estaño, hierro y plomo…"Esto dice el Señor Soberano: 'Dado que todos son escoria inservible, los traeré a mi crisol en Jerusalén. Así como en un horno se funde plata, cobre, hierro, plomo y estaño, los fundiré a ustedes con el calor de mi furia. Los reuniré y los soplaré con el fuego de mi enojo, y se fundirán como la plata en el intenso calor. Entonces sabrán que yo, el Señor, he derramado mi furia sobre ustedes'" (Ezequiel 22:18-22 NTV).

Dios afirma que sus promesas son como la plata que sale del refinamiento: están probadas, ensayadas y son puras. Y podemos estar seguras de que, si Dios ha prometido algo, no solo es capaz de protegernos y preservarnos, sino que nunca puede romperse. Pues la Palabra de Dios, igual que Él, es verdad eterna, y nos preserva por siempre y para siempre, del mismo modo que Israel fue preservado como el pueblo escogido de Dios a través de los fuegos refinadores.

85. En nuestros quebrantos

El Señor está cerca de los quebrantados de
corazón, y salva a los de espíritu abatido.
SALMO 34:18 NVI

Una madre se lamenta por su hija rebelde, un hombre se rompe bajo las presiones de su trabajo, una mujer se derrumba por la muerte de un ser amado, una persona sufre por una enfermedad crónica.

¿Qué provoca que una persona se rompa? ¿El estrés prolongado o una serie de decepciones? ¿El fracaso o las presiones financieras? ¿El peso de demasiada responsabilidad durante demasiado tiempo? ¿Una pérdida personal? Las razones son interminables. Pero aquí promete Dios que cuando estamos quebrantadas de corazón, abatidas por el peso de la aflicción o la pena, Él está cerca. Si tu mundo parece resquebrajarse, Él está presente para consolar, alentar y sanar.

En un estado de quebranto podemos sentirnos vulnerables, pero ese es el momento en el que Dios puede trabajar más en y con nosotras. Cuando sentimos desesperanza, somos más aptas para buscar a Dios y sus respuestas. Durante esos momentos, nuestras limitaciones son más marcadas, así que vemos nuestra necesidad del Señor, de su perdón, de su sabiduría y de su dirección, más que nunca antes. Hemos caído tan bajo que el único sitio donde mirar es hacia arriba. Y vemos a Dios. Cuando nos lamentamos, tenemos la necesidad del Consolador.

Aunque puede que otros intenten ayudar, nadie puede hacerlo como Jesús.

David, el autor del salmo 34, entendía el sentimiento de desesperanza. Cuando escribió este salmo estaba huyendo de Saúl, que en un ataque de celos había intentado matarle en repetidas ocasiones. David huyó al rey filisteo en Gat, Aquis, que estaba alegre de recibirle como aliado en contra de Saúl. Sin embargo, los siervos de Aquis recordaron al rey que David era un poderoso guerrero comprometido con la causa de Dios y alabado por el pueblo. David temió por su vida, y "fingió estar loco, golpeándose la cabeza en la puerta de la ciudad y soltando espuma por la boca, goteando saliva por su barba" (1 Samuel 21:13 MSG). Y Dios le liberó de una situación de peligro potencial.

Esta es la esencia de este versículo en el salmo 34. Como David estaba comenzando a aprender, las pruebas traen humildad, paciencia y una perspectiva fresca a menudo tan necesitada. Por medio de tus pruebas y quebrantos viene un dulce descanso. Cuando estás más vulnerable, Dios está ahí para sanarte y ayudarte. Él promete estar a tu lado en tu momento más oscuro. Incluso cuando no sientas su presencia, descansa segura... Él está cerca.

86. Nos dio a su Hijo

*Porque de tal manera amó Dios al mundo, que ha
dado a su Hijo unigénito, para que todo aquel que
en él cree, no se pierda, mas tenga vida eterna.*
Juan 3:16 rvr1960

La promesa contenida en este versículo es probablemente la más conocida de toda la Biblia. Jesús habló
primero a Nicodemo, un fariseo, miembro del cuerpo
gobernante en Judea, el Sanedrín. Nicodemo reconoció que había algo diferente en Jesús, pero debido
a su posición, no quería que le vieran con Él. Así
que Juan nos dice anteriormente en el capítulo que
Nicodemo vino a ver a Jesús por la noche. Tenía muchas preguntas sobre lo que significaba ser "nacido de
nuevo". Y Jesús contestó pacientemente sus preguntas, incluida "¿Cómo puede ser eso?" (Juan 3:9 blp).

En primer lugar, este versículo habla del alcance
del amor de Dios. "De *tal manera* amó al mundo". A
menudo se le da un mal uso al adverbio *tal* hoy día,
pero expresa el alcance final en su papel descriptivo.
Dios amó tanto al mundo que deseaba venir con un
plan para salvar a las personas de sí mismas.

Dios creó un mundo perfecto y puso a Adán y
a Eva en él con una naturaleza como la suya propia.
Pero ellos cayeron cuando Satanás tentó a Eva y el
pecado entró en el mundo, rompió su perfecta comunión con Dios. Él, en su omnisciencia, sabía que
su mundo perfecto se dañaría, y preparó un plan para
restaurar esa comunión incluso antes de disponer la
fundación del mundo (Efesios 1).

En segundo lugar, Dios proporcionó el sacrificio perfecto para satisfacer su necesidad de un pueblo santo con intención de adorarle. "Porque de tal manera amó Dios al mundo, que ha dado a su Hijo unigénito". Su plan llamó a su perfecto Hijo a morir en la cruz, a llevar nuestro pecado (pasado, presente y futuro), como el único sacrificio perfecto, el único pago, la única forma de restablecer la comunión con un perfecto y santo Dios.

Por último, el amor de Dios lo motiva a dar vida eterna a todo el que cree en el pago perfecto de Cristo para nuestra redención. Ellos nunca perecerán, sino que vivirán eternamente en el cielo con Dios. La comunión que Dios desea con su creación se ha restaurado. ¡Qué gloriosa promesa! ¡Qué maravilloso amor!

87. No hay otro camino

Jesús le contestó: "Yo soy el camino, la verdad y la vida;
nadie puede ir al Padre si no es por medio de mí".

JUAN 14:6 NTV

¡Qué declaración tan asombrosamente audaz hizo Jesús! Desde luego es una de las más disputadas por los siglos desde que la pronunció.

¿Cómo podía un Dios amoroso hacer una afirmación como esta? Un Dios amoroso que quiere que todo el mundo esté con Él para siempre, ¿no es cierto?

Error.

"Oh, realmente no importa lo que creas o no creas. Todos vamos a acabar en el mismo sitio. Pero existen muchas formas de llegar allí. Todos los caminos conducen al mismo final".

Tal vez has escuchado a alguien decir esto. Al principio suena bien. Después de todo, ¿por qué un Dios amoroso excluiría a alguien del cielo? Pero eso no es en absoluto lo que Jesús enseñó. Durante su Sermón del Monte, habló sobre los dos caminos en la vida: "Entren por la puerta estrecha. Porque es ancha la puerta y espacioso el camino que conduce a la destrucción, y muchos entran por ella. Pero estrecha es la puerta y angosto el camino que conduce a la vida, y son pocos los que la encuentran" (Mateo 7:13-14 NVI).

En su último discurso a sus discípulos la noche en que fue arrestado, Jesús respondió a la pregunta de Tomás: "¿Cómo, pues, podemos saber el camino?", con esta simple declaración: "Yo soy el camino, y la verdad, y la vida; nadie viene al Padre, sino por mí".

Solo hay un camino. A través de Jesucristo. A través de su sangre derramada.

El escritor de Hebreos declaró: "Tenemos plena libertad para entrar en el Lugar Santísimo, por el camino nuevo y vivo que él nos ha abierto a través de la cortina, es decir, a través de su cuerpo" (Hebreos 10:19-20 NVI). Cuando Jesús habló sobre el camino ancho y estrecho, dijo que el ancho conducía a la destrucción, que significa la vida eterna en el infierno. El camino estrecho conduce a Dios, a la vida eterna en el cielo.

Solo podemos venir a Dios por medio de la cruz de Jesucristo. Verdaderamente solo existe un camino.

88. No hay condenación

Por lo tanto, ya no hay condenación para
los que pertenecen a Cristo Jesús.
ROMANOS 8:1 NTV

Una voz insidiosa susurra palabras desagradables en el oído del creyente: "Indigna. Culpable. No eres suficientemente buena. No tienes mérito". Recrimina: "Deberías avergonzarte. Nunca estás a la altura".

La voz destruye. Sacude. Destroza.

Incluso con su tono malvado, los seguidores de Cristo a veces la confunden con la voz de la conciencia. Si lo intentan con más fuerza, tal vez no se sientan como fracasos. ¿Qué pueden hacer para vivir libres de condenación?

Pero la voz gruñona no es la voz de la verdad. Las Escrituras señalan claramente con un dedo al que es el acusador: Satanás mismo (Job 2:1; Apocalipsis 12:10). Él es quien viene como león rugiente. Es él quien mata y destruye. Él es el gran mentiroso, el padre de las mentiras.

La voz de la Verdad es muy diferente. Él viene en bondad. Afirma que no hay condenación para lo que son salvos por Cristo. Declara que la sangre de Jesús ha cubierto al creyente, limpiándolo y haciéndolo digno. Dice que el creyente es una nueva criatura, una parte de la familia real con todos los derechos y privilegios que corresponden a un hijo de Dios.

Aquellos que desean vivir una vida santa pueden encontrar difícil discernir entre la voz de la conciencia y la voz de la condenación. Es sabio detenerse y considerar el tono de la voz y el fruto resultante de su mensaje.

Los pensamientos acusadores, hirientes y condenatorios *nunca* vienen de aquel que nos libera de la oscuridad. Las palabras que resultan en culpa, vergüenza y desesperanza deben ser rechazadas, no abrazadas.

Por supuesto, el creyente está en constante crecimiento y cambio para llegar a ser más como Cristo. Cuando el Espíritu Santo provoca cambio, le recuerda al creyente la victoria que ya se ha ganado en la cruz. Con *su* convicción viene el fortalecimiento, la esperanza y la fuerza. Su personalidad está llena de amor, gozo, paz, paciencia, amabilidad, bondad, fidelidad, dulzura y dominio propio, y el tono de su venida refleja la belleza de su carácter. El que tiene la voz de la Verdad es un ayudador, un alentador, un abogado. Viene junto al creyente, y le recuerda quién es el Cristo. Anima al creyente, lo fortalece en medio de la lucha y lo establece en justicia.

Para el creyente, cubierto con la preciosa sangre de Jesús, *no* hay condenación. Solo amor.

89. ¡Nuevas criaturas!

De modo que si alguno está en Cristo, nueva criatura es;
las cosas viejas pasaron; he aquí todas son hechas nuevas.
2 Corintios 5:17 rvr1960

El aroma de un libro nuevo. Un nuevo retoño en un rosal. Las suaves mejillas de un recién nacido. Lo nuevo es especial. No solo diferente, sino completamente fresco.

Gracias a la obra de Cristo en la cruz, los cristianos no solo son diferentes a lo que eran antes; ¡son *nuevos*! Un viejo auto se ve mejor con un trabajo nuevo de pintura, pero no lo es. A los cristianos no solo se les hace una cirugía plástica, son hechos completamente nuevos.

En 2 Corintios 5:21 escribe Pablo: "Al que no conoció pecado, por nosotros lo hizo pecado, para que nosotros fuésemos hechos justicia de Dios en él" (rvr1960). Es una explicación clara de los que significa ser una nueva creación. Los cristianos cambian su modelo humano viejo y pecador por la propia justicia de Dios mismo.

Somos *nuevas*.

Frescas. Puras. Santas. Hermosas.

No solo pensamos y actuamos de forma diferente. *Somos* diferentes. Cambiadas de adentro hacia afuera, de lado a lado, rehechas por completo, diferentes.

Ezequiel profetizó sobre las nuevas creaciones. A través de él Dios prometió: "Os daré corazón nuevo, y pondré espíritu nuevo dentro de vosotros; y quitaré de vuestra carne el corazón de piedra, y os daré un corazón de carne" (36:26 RVR1960).

La misma esencia del cristiano es nueva. Recreada con el Espíritu de Dios, es ahora sensible a los caminos del Señor.

Las Escrituras dicen que estábamos muertas en pecado, viviendo en el reino de la oscuridad, pero la obra de Jesús nos levantó de la muerte a la vida. Nos trasladamos del viejo reino a su nuevo reino de luz. El viejo yo murió.

El nuevo yo, creado por el Espíritu de Dios, es resucitado. Este ser tiene viejos hábitos, pero nuevos deseos. El cristiano aprende a detenerse y conectar con el Espíritu de Dios, para que los viejos hábitos desaparezcan y el creyente será transformado de forma coherente para comportarse cada vez más como Jesús.

El enemigo de la luz intenta convencer a los nuevos creyentes de que no han cambiado realmente, señalando sus errores y sus carencias. Pero sus palabras son simples mentiras de las profundidades de la oscuridad.

Hebreos 10:14 lo expresa de esta forma: "Porque con una sola ofrenda hizo perfectos para siempre a los santificados" (RVR1960).

La muerte y la resurrección de Jesús lo cambió *todo*. Somos nuevas.

90. La Palabra de Dios logra sus propósitos

*La lluvia y la nieve descienden de los cielos y quedan
en el suelo para regar la tierra. Hacen crecer el grano,
y producen semillas para el agricultor y pan para el
hambriento. Lo mismo sucede con mi palabra. La envío
y siempre produce fruto; logrará todo lo que yo quiero,
y prosperará en todos los lugares donde yo la envíe.*

ISAÍAS 55:10-11 NTV

Muchas de nosotras hemos crecido en una granja o conocemos a granjeros. Algunas de nosotras tenemos una tradición agrícola en nuestros orígenes. Pero aunque seas una granjera "urbana" (es decir, una jardinera de plantas o de flores), podemos comprender muchas metáforas agrícolas e historias en la Biblia.

Este pasaje es un favorito, tal vez porque también podemos ver el ciclo del agua sobre el que aprendimos en la escuela hace años: el agua viene de las nubes a la tierra en algunas formas (lluvia, nieve, aguanieve, granizo). Penetra en la tierra, abriéndose paso finalmente en pequeñas corrientes subterráneas que se mueven en la superficie y luego viajan en corrientes más grandes y ríos, desembocando, finalmente, en los diversos océanos y mares. El sol evapora el agua, y la devuelve al cielo... y el ciclo comienza de nuevo.

Sin embargo, para el propósito de esta ilustración, el agua penetra en el suelo y riega las semillas que el granjero o el jardinero ha plantado. Cuando las plantas crecen y maduran, proporcionan comida para todos y semillas para que los granjeros planten la siguiente temporada.

Dios cuenta este ejemplo de la granja para ilustrar la forma en que la Palabra obra en la vida de las personas. Plantamos la semilla de su Palabra en lo profundo de nuestros corazones por medio de la memorización y la meditación. Dios es el granjero que se ocupa de la semilla, observa cómo crece y se convierte en un fruto maduro. Y siempre produce fruto. Siempre.

La versión Reina Valera declara que la Palabra de Dios nunca vuelve a él "vacía". Es una palabra antigua que significa "vacía". En otras palabras, Dios nunca envía su Palabra sin que cumpla su propósito por el cuál fue enviada. En cambio, siempre, siempre, produce un fruto con valor eterno.

91. Seguir la Palabra de Dios conduce al éxito

Nunca se apartará de tu boca este libro de la ley, sino que de día y de noche meditarás en él, para que guardes y hagas conforme a todo lo que en él está escrito; porque entonces harás prosperar tu camino, y todo te saldrá bien.
JOSUÉ 1:8 RVR1960

Antes de que Josué entrara en la Tierra Prometida como nuevo líder de los hijos de Israel, Dios vino a él y alentó su corazón. Moisés acababa de terminar con su resumen de todo lo que el Señor había hecho desde que los liberó de la esclavitud en Egipto. Incluyó la concesión de la ley, y repitió los puntos destacados del suceso. Al final, Moisés pronunció su despedida final. No se le permitió entrar en la Tierra Prometida, y sabía que estaba a punto de morir. Entre el final de Deuteronomio y el primer capítulo de Josué, las palabras de Dios a Josué estaban destinadas a estimularlo en la tarea que tenía por delante.

El *Merriam-Webster's Collegiate Dictionary* define *éxito* como un "resultado favorable o deseado; además: el logro de riqueza, favor o prestigio". Así es como el mundo ve el éxito: lo rica que eres, el tipo de favor que tienes con los demás, y cuánto prestigio tiene tu posición profesional o social. En la Biblia, *éxito* viene de la palabra hebrea *sakhal*. En *The Complete Word Study: Old Testament* de Spiros Zodhiates, el autor define esta palabra como "ser perspicaz, ser prudente; actuar con prudencia; tener sabiduría, habilidad o experiencia; ser inteligente, tener perspectiva; ser exitoso (por ejemplo: actuar de manera próspera)".

Dios le definió el éxito a Josué de esta forma: prestar atención y no descuidar la Palabra de Dios, su ley, ganando, de este modo, la perspectiva de Dios en la vida. Josué no solo debía leer la Palabra de Dios a menudo; debía meditar en ella y luego obedecerla. No es exactamente la forma en que el mundo ve el éxito, pero ¿qué preferirías tú, el éxito del mundo o el éxito con Dios? Esta promesa es claramente para aquellos que desean el éxito con Dios.

92. Las promesas de Dios dan vida

*He guardado tu palabra en mi corazón, para no pecar
contra ti... Tu promesa renueva mis fuerzas; me
consuela en todas mis dificultades... Jamás olvidaré
tus mandamientos, pues por medio de ellos me diste
vida...¡Señor, sostenme como prometiste para que
viva! No permitas que se aplaste mi esperanza.*
SALMO 119:11, 50, 93, 116 NTV

El salmo 119 es un poema acróstico de ciento setenta y seis versículos acerca de la Palabra de Dios. Su
autor es anónimo, y utilizó el alfabeto hebreo para
dividirlo en secciones; luego comenzó cada verso (o
estrofa) de dicha sección con esa letra. Y cada versículo hace mención a la Palabra: la ley del Señor, los
estatutos, los preceptos, los testimonios, los caminos,
los mandamientos, los juicios justos, las promesas, y
así sucesivamente.

¿Lo habías visto? Promesas. Las promesas de
Dios se hallan en su Palabra. Y este salmista particular repite varias veces a lo largo del salmo que las
promesas de Dios dan vida. Si estás en duda, vuelve
atrás en este libro. ¿Trata alguna de estas promesas
sobre la muerte? No. ¿Por qué no? ¡Porque Dios es
vida! En especial, vida eterna.

Para comenzar el ciclo de la vida, debemos me-
morizar la Palabra de Dios. Hacerlo nos mantendrá
alejadas del pecado que, en las Escrituras, conduce
a la muerte. Luego debemos permitir que crezca
meditando en ella y obedeciéndola. Incluso cuando

vengan las pruebas y los problemas, que llegarán sin duda, tenemos la Palabra de Dios viva en nuestros corazones para guiarnos, y sacarnos incluso más fuertes y más vivas. Su Palabra trae vida porque es esperanza. Y la esperanza no nos hace sentir vergüenza ni debilidad, sino fuerza y disposición para proclamar las riquezas de su Palabra.

Tu Palabra es una lámpara a mis pies,
una luz en mi camino siempre,
para guiarme y para salvarme del pecado,
y mostrarle el camino celestial.
Tu Palabra he escondido en mi corazón
para no pecar contra ella;
para no pecar, para no pecar,
tu Palabra he escondido en mi corazón.
Para siempre, oh Señor, está tu Palabra
establecida y fijada en lo alto;
tu fidelidad para todos los hombres
permanece cerca para siempre.

ERNEST O. SELLERS

93. Dios busca ayudar a los suyos

Los ojos del Señor recorren toda la tierra
para fortalecer a los que tienen el corazón
totalmente comprometido con él.
2 Crónicas 16:9 ntv

Dios te busca. Eso es, te busca para bendecirte y apoyarte en tus esfuerzos. Él es tu mayor admirador. Antes de que vinieras a Cristo, Él tenía sus ojos sobre ti como un ojeador deportivo que busca descubrir un jugador estrella. Después de comprometer tu vida a Él, te grabó en su corazón y te tiene en su radar.

El historiador que escribió 2 Crónicas utilizó un ejemplo de la vida del rey Asa para ilustrar este principio. Asa, un rey "bueno" a los ojos de Dios, tomó plata y oro de los tesoros del templo y suyos propios para pagar a Ben-hadad, rey de Aram en Damasco, para proteger a Judá de ser invadida por Israel. Así que Dios envió a Hanani, uno de sus profetas, para que le dijera a Asa que, por haber confiado en Aram para salvarle en lugar de confiar en Dios mismo, Ben-hadad no cumpliría su tratado con Judá.

Hanani pronunció estas palabras en 2 Crónicas 16:9 para recordarle a Asa que nada se esconde de Dios; de hecho, la Palabra afirma que todo y todos están al descubierto ante los ojos del Señor (Hebreos 4:13). Lo que hacemos en secreto no está oculto para Dios, ya sea para bien o para mal.

Tal vez te hayas esforzado mucho para que un acontecimiento tenga éxito, pero otra persona obtuvo el reconocimiento. Tú merecías los elogios, pero no recibiste ninguno. Ten ánimo. Dios ve toda buena obra que has realizado, y ninguna tarea pasa desapercibida para él. Él siempre te bendecirá por permanecer callada mientras todos los demás son elogiados por sus duros trabajos y logros.

Dios es omnipresente y omnipotente. Él está con nosotras en nuestros momentos más oscuros además de en los que brillan. Se lamenta con nosotras en nuestro dolor y se regocija en nuestros éxitos. No solo está con nosotras, sino que está en nosotras. Lo que es más, está *por* nosotras. Los ojos de Dios están sobre ti para bendecirte, no para maldecirte; para ayudarte, sostenerte, animarte y apoyarte. Cuando busques a Dios, no te preocupes; Dios ya te está buscando a ti.

94. Ora, busca y arrepiéntete

Pero si mi pueblo, que lleva mi nombre, se humilla y ora,
busca mi rostro y se aparta de su conducta perversa, yo oiré
desde el cielo, perdonaré sus pecados y restauraré su tierra.

2 Crónicas 7:14 ntv

Este versículo distintivo es un llamamiento a la oración nacional y al arrepentimiento. Ningún acto del Congreso u orden ejecutiva presidencial pueden producir sanidad a una nación, como la oración que surge de un corazón arrepentido.

Dios habló al rey Salomón en respuesta a la oración que elevó en la dedicatoria del templo en Jerusalén. "Yo he oído tu oración, y he elegido para mí este lugar por casa de sacrificio" (2 Crónicas 7:12 rvr1960). Entonces Dios proporcionó instrucciones claras sobre cómo debían responder si dejaban de adorar a Dios.

En primer lugar, debemos humillarnos ante Él. Después de todo, ¿qué es la oración sin humildad? ¿Cómo podemos acercarnos a un Dios santo sin rendir nuestras voluntades y sin reconocer nuestras debilidades humanas? Luego, debemos buscar la voluntad y los caminos de Dios de forma sincera. Cuando buscamos a Dios de todo corazón para nuestro país o para nuestra vida individual, Él siempre se ofrecerá. Pero debemos persistir en oración, incluso después de que la carne encienda las luces de derrota. Finalmente, y lo más importante, debemos arrepentirnos de nuestros pecados. ¿De qué sirve buscar a Dios sin apartarse de los actos mismos de injusticia que nos apartan de Él?

Cuando Salomón oró, Dios le respondió por la noche. Una nube, que significaba el poder y la presencia de Dios, llenó el templo y Dios prometió hacer que cesara la plaga y llegara la lluvia. El rey Salomón buscó a Dios en favor de su nación, y Él bendijo a los israelitas.

Cada cristiano puede pronunciar este versículo como su grito de guerra. Dios siempre tuvo un pueblo (los hijos de Israel y su iglesia hoy), y nos llama a orar, buscar y arrepentirnos. Cuando lo hacemos, Él promete oír, perdonar y sanar nuestra tierra.

95. Busca y halla respuestas

Clama a mí, y yo te responderé, y te enseñaré
cosas grandes y ocultas que tú no conoces.
JEREMÍAS 33:3 RVR1960

Cuando le pides a alguien un favor, ¿qué esperas recibir a cambio? Cuando pides a alguien, presumiblemente un buen amigo o miembro de la familia, comida para alimentar a los invitados, ¿esperas recibir frutas y verduras con mal aspecto, casi podridas? ¡Por supuesto que no!

Las respuestas de Dios son incluso mejores. De hecho, él siempre quiere deleitarnos dándonos más de lo que esperamos o pedimos, o incluso imaginamos (Efesios 3:20). Su promesa a Jeremías y al pueblo de Judá (que rechazó escucharle a Él o a Jeremías) fue que, si ellos le llamaban, él oiría y les mostraría "cosas grandes y ocultas" que no conocían.

Un aspecto de la Palabra de Dios que resalta el escritor de Hebreos es que esta es viva. Es una entidad que vive y respira, porque sale de la boca del Dios de toda vida. Esta "vida" significa que cuando crecemos y maduramos, la Palabra de Dios tiene un significado más profundo cada vez que la leemos.

¿Has leído alguna vez un pasaje de la Escritura que te es familiar? Tal vez incluso lo has memorizado. Quizá estás tentada a saltártelo por algo no tan familiar. Pero el Espíritu Santo te impulsa a leerlo de nuevo, cuidadosamente, despacio, y de repente cobra un nuevo significado, una aplicación más profunda, un aspecto diferente para considerar y sobre el que meditar. Eso es lo que Jeremías y el escritor de Hebreos querían decir cuando escribieron sobre tener la perspectiva de Dios sobre la vida.

Varias veces en los salmos, los salmistas hablan de invocar al Señor y de los beneficios de hacerlo.

Invoco al Señor, que es digno de alabanza, y
quedo a salvo de mis enemigos.
(Salmo 18:3 NVI)

Pero clamaré a Dios, y el Señor me rescatará.
(Salmo 55:16 NTV)

Levantaré la copa de la salvación y alabaré el
nombre del Señor por salvarme…Te ofreceré
un sacrificio de agradecimiento e invocaré el
nombre del Señor.
(Salmo 116:13, 17 NTV)

Dios aún tiene mucho que mostrarnos. Considera pedirle que lo haga la próxima vez que te sientes a leer su Palabra.

96. Prioridades

*Busquen el reino de Dios por encima de
todo lo demás y lleven una vida justa,
y él les dará todo lo que necesiten.*

MATEO 6:33 NTV

Jesús tenía mucho que decir sobre la preocupación y
la ansiedad durante su ministerio terrenal, del mismo
modo que lo hizo antes de venir a la tierra y después
de que ascendiera a los cielos al final de su tiempo
en la tierra. ¿Por qué es así? Tal vez, solo tal vez, su
pueblo tiene "problemas de confianza" en términos
de hoy día. (¿No crees?).

Uno de los pasajes más conocidos de las Escrituras se encuentra en medio del Sermón del Monte
(Mateo 6:25-34). Jesús revela que Él lee nuestros
pensamientos y probablemente los conoce mejor que
nosotras mismas. Ciertamente conoce la raíz que
causa nuestra preocupación y ansiedad.

Las últimas estadísticas dicen que el noventa y
cinco por ciento de todo lo que nos preocupa nunca
llega a nada. En otras palabras, ¡nuestra preocupación suma a un montón de tiempo perdido! En parte
porque nos preocupamos por cosas sobre las que no
tenemos control.

Por ejemplo, no podemos cambiar nuestra altura, pero podemos preocuparnos por ella. Nos preocupamos por lo que otras personas piensen sobre
ello. (¿Qué importa?). Así que vamos encorvadas (si
somos altas) y de puntillas (si somos bajitas). O nos

preocupamos por la procedencia de nuestra próxima comida o si tenemos la ropa suficiente.

Luego hay artículos más costosos. Nuestro lavaplatos se rompe. La lavadora se vuelve loca. El aire acondicionado se rompe en medio de una ola de calor. O el auto, nuestro único medio de transporte, deja de funcionar. Y no hay dinero para pagar la reparación o los recambios.

Jesús nos afirma que nuestro Padre que está en el cielo ya sabe que necesitamos todas estas cosas. Por tanto, dedica tiempo a buscarle, y a buscar su camino, su Palabra, y el resultado final es que Él proveerá todo lo que necesitamos para seguirle de todo corazón.

Como declara el viejo coro infantil: "Jesús, y otros, y tú". Pon en primer lugar buscar al Señor y todo lo demás encajará en su lugar… sin la preocupación y la inquietud.

97. Una promesa para aquellos que esperan en Él

Pero los que confían en el Señor renovarán sus fuerzas; volarán como las águilas: correrán y no se fatigarán, caminarán y no se cansarán.

Isaías 40:31 NVI

Es difícil concebir no estar cansada nunca. En estos cuerpos humanos es simplemente imposible. La vida golpea la fuerza, y nadie es inmune a la debilidad. "Hasta los jóvenes se debilitan y se cansan, y los hombres jóvenes caen exhaustos" (Isaías 40:30 NTV). No importa lo fuertes que seamos, la vida nos agotará.

Pero Dios no es un simple hombre. De hecho, "El Señor es el Dios eterno, el Creador de toda la tierra. Él nunca se debilita ni se cansa" (40:28 NTV). Él nunca se duerme ni tiene sueño. En ningún momento está demasiado cansado para escucharnos u oír nuestras necesidades. Nunca es demasiado débil para defendernos ni está demasiado cansado para preocuparse de su creación. Dios está siempre alerta. Lleno de energía. ¡Fuerte!

Este Dios de fuerza y energía interminables ama compartir su fuerza con nosotras. "Él da poder a los indefensos y fortaleza a los débiles" (40:29 NTV). El rey David dijo: "En tu santuario, oh Dios, eres imponente; ¡el Dios de Israel da poder y fuerza a su pueblo!" (Salmo 68:35 NVI).

Isaías nos indicó cómo acceder a esta fuerza que necesitamos. Aseguró que llega cuando esperamos en el Señor.

¿Te has dado cuenta de que no se hace advertencia alguna a descansar cuando estamos agotadas ni a obligarnos a seguir adelante con las reservas internas? No. Isaías nos señala sencillamente que *esperemos*.

Esperar en el Señor nos recuerda que no somos suficientes por nosotros mismas. Reconocemos que aunque nuestros recursos son limitados, Él no lo es. De hecho, el apóstol Pablo dijo que Él era realmente más fuerte en la debilidad porque era entonces cuando más dependía de los recursos de Dios.

La fuerza prometida en Isaías 41 supera la capacidad humana. Es la fuerza de un águila que vuela sobre las tormentas de la vida, de un corredor que no se cansa, de alguien que puede caminar sin llegar a fatigarse.

Cuando nos encomendamos al cuidado de Dios, esperando en Él para las fuerzas que necesitamos, Él no nos fallará.

98. Todo es posible

*Pues todo lo puedo hacer por medio de
Cristo, quien me da las fuerzas.*
FILIPENSES 4:13 NTV

Pablo escribió el libro de Filipenses cuando estaba en la cárcel de Roma por predicar el Evangelio de Jesucristo. Es la carta más positiva de todas las que escribió el apóstol. Y parte de ella es un agradecimiento por el regalo que la iglesia de Filipo había reunido para él, para ayudarle en su necesidad.

Es un desarrollo relativamente reciente que los prisioneros sean alimentados y mantenidos con el dinero de los contribuyentes. Definitivamente, en el tiempo de Pablo los prisioneros tenían que depender de la ayuda de la familia y de los amigos para comer, para la ropa y otras necesidades mientras estaban encarcelados. Así que un regalo de una de las iglesias significaba mucho para Pablo.

Él sabía que ellos no tenían mucho, y en el capítulo 4, Pablo les dice que, aunque estaba muy agradecido por su regalo, realmente no lo necesitaba, pues había aprendido a estar contento sin importar sus circunstancias.

Estar contenta en cualquier situación no es una lección fácil de aprender. Y el Señor había permitido muchas situaciones diferentes en la vida de Pablo para enseñarle esta valiosa lección. ¿Alguna vez te has preguntado cómo lo hizo?

El versículo 13 nos lo dice. Él podía hacer cualquier cosa que el Señor le pidiera a través de

Jesucristo, quien le fortalecía para hacer todo lo que Dios se había propuesto que hiciera Pablo con su vida. La frase "Soy autosuficiente en la suficiencia de Cristo" nos indica que independientemente de cuáles fueran las circunstancias, él podía estar contento porque Cristo estaba ahí con él.

Él estaba "preparado para cualquier cosa por medio de Él, quien le infundía fuerza interior y paz confiada".

Jesucristo está preparado para hacer lo mismo por ti por medio del Espíritu Santo. El contentamiento, la paz, e incluso el gozo son posibles cuando le permitimos fortalecernos para cumplir sus propósitos a través de nosotras.

99. Dios nos da palabras

Proponed en vuestros corazones no pensar antes
cómo habéis de responder en vuestra defensa; porque
yo os daré palabra y sabiduría, la cual no podrán
resistir ni contradecir todos los que se opongan.

LUCAS 21:14-15 RVR1960

Algunas personas parecen tener una respuesta para todo. ¿Conoces a alguien así? Tal vez tú seas una de ellas. Pero esa no es la realidad para la mayoría de nosotras.

¿Sabías que hablar en público es el mayor temor que todos admiten tener? Eso incluiría levantarse y dar un testimonio, o ser testigos de un juicio. Para algunos, incluso estar de pie en frente de una clase de compañeros les infunde terror a sus corazones, sus mentes se quedan en blanco, ¡y un discurso de un minuto parece que fuera una eternidad!

Pablo le indicó a Timoteo en la segunda carta que le escribió que nadie vino a estar con él en su primera defensa ante el juez. Tal vez tenían miedo de ser arrestados ellos también o de quedarse sin palabras y no ser capaces de hablar a favor de Pablo. Cualquiera que fuera el motivo, Pablo continuó diciéndole a Timoteo que el Señor estuvo con él y le dio las palabras para hablar audazmente por la causa de Cristo (2 Timoteo 4:16-17).

Jesús indicó a sus discípulos que no prepararan discursos elocuentes con antelación cuando fueran arrestados por predicar el Evangelio y tuvieran que defenderse en el tribunal. Él prometió que les daría (y a nosotras cuando estemos en la misma posición) las palabras que pronunciar cuando ellos las necesitaran. ¡Y qué palabras serían! Palabras tan llenas de sabiduría que ninguno de nuestros oponentes será capaz de decir nada en respuesta.

El día se está acercando rápido en el que tal vez tengamos que depender de esta promesa de no tener que preparar con antelación lo que debemos decir. Podemos tener consuelo sabiendo que Él nos dará palabras para hablar cuando llegue el momento. Por fin podemos dejar atrás ese miedo de hablar en público.

100. Dios nos da sabiduría

Y si alguno de vosotros tiene falta de sabiduría,
pídala a Dios, el cual da a todos abundantemente
y sin reproche, y le será dada.
SANTIAGO 1:5 RVR1960

Hace muchos años, en una clase avanzada de literatura del instituto, el profesor dio una oportunidad a los estudiantes de invitar a sus líderes "religiosos" a asistir a la clase de la escuela pública para presentar sus creencias. El profesor deseaba utilizar la reciente lectura y el debate de filosofía de los estudiantes "poniendo a prueba" a estos líderes respecto a por qué creían como lo hacían.

Un sacerdote católico, un ministro bautista, un rabino y ancianos mormones aceptaron la invitación de hablar. Varios de los alumnos eran creyentes, y fueron rápidos en entender que los ancianos mormones que hablaban, sacaron fuera de contexto Santiago 1:5 para justificar la escritura del libro del mormón de Joseph Smith. Los ancianos dijeron a la clase que Joseph estaba confundido por lo que la iglesia "tradicional" enseñaba, así que pidió a Dios que le mostrara la verdad. Y es entonces cuando recibió su primera visión que, más tarde, condujo a las enseñanzas de la iglesia mormona.

Ya que ese fue el único versículo que los ancianos utilizaron y todo el resto de su presentación fue del libro del mormón, la mayoría de los miembros de la clase rechazaron su presentación por defectuosa, incluso aquellos que no profesaban creer en la Biblia.

Uno de los primeros preceptos de la erudición bíblica es que las Escrituras interpretan las Escrituras. Debemos enseñar las Escrituras en contexto. Santiago escribió su carta colocando este versículo al final de un pasaje que nos cuenta cómo responder cuando nos vemos en circunstancias adversas: con puro gozo.

El gozo es una respuesta totalmente contradictoria en las situaciones difíciles, pero tenemos un recurso, una Compañía constante, que comprende. Nada le sorprende. Nada le sorprende con la guardia baja. Después de todo, Él es soberano sobre todas las cosas. Él controla todas las cosas. Y Satanás no puede hacer nada sin su permiso (Job 1-2).

Así que la próxima vez que te enfrentes a una situación ante la que no sabes cómo reaccionar o responder, pregunta a Dios. Él nunca falla en cumplir sus promesas.